外语课程思政
教学设计案例与论文集

主编 栾 婷
副主编 刘文川 王海鹏 刘重霄

首都经济贸易大学出版社
Capital University of Economics and Business Press
·北京·

图书在版编目（CIP）数据

外语课程思政教学设计案例与论文集 / 栾婷主编.
-- 北京：首都经济贸易大学出版社，2021.12
ISBN 978-7-5638-3324-5

Ⅰ.①外… Ⅱ.①栾… Ⅲ.①高等学校—思想政治教育—教学设计—中国—文集 Ⅳ.① G641-53

中国版本图书馆 CIP 数据核字（2021）第 276549 号

外语课程思政教学设计案例与论文集
WAIYU KECHENG SIZHENG JIAOXUE SHEJI ANLI YU LUNWENJI
栾婷 主编

责任编辑	陈 侃
封面设计	风得信·阿东 FondesyDesign
出版发行	首都经济贸易大学出版社
地　　址	北京市朝阳区红庙（邮编 100026）
电　　话	（010）65976483　65065761　65071505（传真）
网　　址	http://www.sjmcb.com
E - mail	publish@cueb.edu.cn
经　　销	全国新华书店
照　　排	北京砚祥志远激光照排技术有限公司
印　　刷	北京九州迅驰传媒文化有限公司
成品尺寸	170 毫米 ×240 毫米　1/16
字　　数	258 千字
印　　张	14.75
版　　次	2021 年 12 月第 1 版　2023 年 9 月第 2 次印刷
书　　号	ISBN 978-7-5638-3324-5
定　　价	58.00 元

图书印装若有质量问题，本社负责调换
版权所有　侵权必究

首都经济贸易大学"课程思政优秀教学案例库"编审委员会

主　　编：韩宪洲
副主编：徐　芳　王永贵
委　　员（按姓氏笔画排序）：
　　　　于　鹏　王　军　尹志超　石　刚　付　琳
　　　　冯喜良　任　韬　刘重霄　刘　强　关　鑫
　　　　李百兴　李红霞　李鲲鹏　张世君　张国山
　　　　张宝学　陈　炜　陈　磊　周宇宏　周明生
　　　　郝宇彪　柳学信　姚东旭　贺　慨　陶　盈
　　　　商筱辉

总序
在专业思政框架下深化课程思政建设

习近平总书记强调,"培养什么人,是教育的首要问题"。全国高校思想政治工作会议以来,在习近平总书记关于教育重要论述指导下,高校课程思政建设全面推进,为我国高等教育实现高质量发展注入了新的活力和动力,促进了高校"三全育人"体制机制的完善。持续深化课程思政建设是进一步推动中国特色社会主义教育理论体系不断形成新的生动实践的客观要求。当前,要进一步明确课程思政建设的内涵、路径、方法,既要坚持从为党育人、为国育才的政治高度强化思想认知,更要回归教育本质推进实践探索。要牢牢抓住全面提高人才培养能力这个核心点,始终坚持人才培养的内在逻辑,锚定"专业"这一人才培养的基本单元,着力于在专业思政的框架下健全完善课程思政的工作体系、教学体系和内容体系,以此不断深化课程思政建设,提升专业人才培养质量。

人才培养的内在逻辑是专业思政和课程思政的基本遵循。从高等教育人才培养规律看,专业是人才培养的基本单元,课程是人才培养的最小单元。专业思政和课程思政作为新时代中国共产党人对高等教育人才培养规律的新认识,是新时代高校构建高水平人才培养体系的重要实践,是学校对专业内涵的丰富和拓展,为新时代专业建设提供了重要遵循。

专业思政是深化课程思政建设的基石和平台。专业思政是对专业人才培养功能的新认识,强调所有专业都要在学校办学总体目标定位的基础上明确本专业的育人目标和规格,把育人要求细化到本专业的人才培养方案中,落实到人才培养全过程,在课程体系(含实践教学)、教学规范、师资队伍、教学条件、质量保障等各环节中有机融入本专业所蕴含的思想政治教育元素,实现思想政治教育与知识体系教育的有机统一。

专业与课程的逻辑关系决定了专业思政与课程思政具有天然的一体性。专业思政是指在本专业人才培养方案中对本专业所培养人才应具备的核心素养进行总体设计、提出要求和实施的途径;课程思政是指依据专业思政的目标,把"做人做事的基本道理""社会主义核心价值观的要求""实现民族复兴的理想和责任"细化落实到每门课程的教学大纲、教学设计、课堂教学、考试测验等全过程各方面各环节，使每门课程达到"守好一段渠，种好责任田"的要求，把所有课程聚合起来，发挥育人主渠道的功能。专业思政不仅为课程思政建设聚焦了育人方向、规定了工作目标、营造了浓厚氛围，而且搭建了本专业课程共享的思政资源平台，同时，也为本专业的非专业课程（公共基础课程等）开展课程思政提供了体现"因专业而思政"这一教育观念的专业思政资源。

近三年来，首都经济贸易大学按照高等教育人才培养的内在逻辑，在专业思政框架下不断深化课程思政建设，逐步形成了党委统一领导、党政齐抓共管、教务部门牵头抓总、相关部门联动、院系落实推进、自身特色鲜明的课程思政建设工作格局。

2020年，学校完善了课程思政建设的顶层框架，出台了《关于推进"三全育人"综合改革的实施意见》《关于深化课程思政建设的意见》等文件，统筹推进"三全育人"综合改革和课程思政建设，制定了《首都经济贸易大学全面落实立德树人根本任务 打造新时代一流本科教育实施方案》和专业建设规划，开展本科人才培养方案的全面修订，给出了课程思政建设的行动指南，在全校进一步明确和统一了课程思政"是什么，为什么，怎么做，怎么做好"的认识。

2021年，学校成立了课程思政教学研究中心，课程思政建设在学校继续全面推进，在全校范围内打造了一批具有示范引领作用的专业、课程、教材、案例、教研成果、实践教学成果，以及教学名师和教学团队；组织了学校课程思政教学设计大赛，开展了"课程思政工作坊"系列讲座；与"新华网"实现共建并搭建了新华思政"课程思政资源库平台"，形成了"课程门门有思政 教师人人讲育人"的良好氛围。

2022年，学校专业思政建设全面推进。在学校党委和行政部门的全力推动下，采用"重点推进"与"全面铺开"相结合的方式，通过7个试点学院和3个试点专业的先行先试，全面推进专业思政建设。打造了经济学、法学、会计学3个专业的专业思政资源库，并以此为基础，将专业思政建设的理念与做法推广到25个国家级一流专业建设中，推广到全校34个在招专业建设中，探索制定专业思政与课程思政建设标准，进一步完善学校课程思政建设体系。

此次统一规划出版的"课程思政优秀教学案例库"系列丛书，是学校开展课程思政建设的阶段性成果。"课程思政优秀教学案例库"系列丛书将贯彻学校在专业思政框架下深化课程思政建设、坚持专业育人的理念，聚焦专业核心素养养成、提升专业人才培养质量的实践探索。

今后，学校将牢牢把握在专业思政框架下深化课程思政建设的着力点，优化人才培养方案和教学大纲，完善课程思政的工作体系、教学体系和内容体系，落实专业负责人的主体责任，注重发挥教师个人的能动作用，提升教师教育教学能力，不断提高学校专业建设、课程建设的水平和专业人才培养质量。

首都经济贸易大学党委书记
韩宪洲

前　言

　　2012年11月，党的十八大报告明确提出，要把立德树人作为教育的根本任务。2016年12月，在全国高校思想政治工作会议上，习近平总书记强调：培养什么人、怎样培养人、为谁培养人是教育的根本问题，高校立身之本在于立德树人。落实立德树人的根本任务，必须用好课堂教学这个主渠道。2020年5月，教育部印发《高等学校课程思政建设指导纲要》，其中提到，全面推进课程思政建设是落实立德树人根本任务的战略举措。这一战略举措，影响甚至决定着接班人问题，影响甚至决定着国家长治久安，影响甚至决定着民族复兴和国家崛起；在此基础上，文件提出构建全员全程全方位"三全"育人大格局，并要求紧紧围绕国家和区域发展需求，结合学校发展定位和人才培养目标，构建全面覆盖、类型丰富、层次递进、相互支撑的课程思政体系。

　　在这样的时代背景下，我校高度重视课程思政建设，出台了《首都经济贸易大学关于深化课程思政建设的意见》等多个文件，并选取了7个学院为课程思政建设试点学院。外国语学院便是试点学院之一。因此，在校领导的支持下，我院以课程思政为抓手，不忘初心，革新教学，立德树人，砥砺奋进；我院举办了课程思政建设工作会，校党委书记韩宪洲出席大会并做报告；成立了外国语学院课程思政研究中心，在该中心框架下，学院组织讲座、研讨等活动十余次，教师申报课程思政主题的教改立项7项，申报课程思政示范课建设项目6项；组织了第二届外语课程思政教学设计比赛，推荐了葛卫红、李腾龙两位老师参加我校首届课程思政教学设计比赛，并取得二等奖和三等奖的好成绩。

　　2021年，我们还将外籍教师纳入课程思政建设中，组织参观中国共产党历史展览馆等活动；利用工会活动开展教师课程思政，组织了三八妇女节"巾帼心向党，奋斗新征程"，七一节"忆党情，红色剪纸献礼建党百年"等活动；利用学科竞赛等第二课堂开展学生思政，举办了"百年铿锵路，'语'颂中华魂"外语竞赛季，参与了北京冬奥会奥组委官网翻译，组织了赴雄安领会千年大计等活动。

　　回首这一年，外国语学院外语课程思政取得了可喜的成绩，汇集成了面前的这本书。这离不开学校领导的支持、教务处等学校职能部门的关心、外国语学院领导的鼓励、外国语学院师生的共同努力以及出版社老师的帮助！外国语学院师生将继续深化外语课程思政教学改革，探索育人育才新路径，为国家建设培育更多优秀人才。

栾　婷

目　录

案 例 集

研究生英语思政导学课程——平衡之美　　　　　　李双燕 / 003

视听说课程——视听语境下的思政教学优势　　　　陈媛媛 / 015

运动主题英文语篇中的中国文化元素
　　——以2022年北京冬奥会和冬残奥会
　　吉祥物与会徽报道为例　　　　　　　　　　　贾冬梅 / 022

语法课上的诗人情怀　　　　　　　　　　　　　　栾　婷 / 028

英语学习中的"家国情怀"　　　　　　　　　　　 潘　速 / 038

The Pursuit of Dreams　　　　　　　　　　　　张东芹 / 045

价值引领下核心素养的培育路径　　　　　　　　　郝　莉 / 050

Friendship　　　　　　　　　　　　　刘燕梅　白云红 / 058

译有所为
　　——基于目的论的中国党政理念翻译　　　　　李腾龙 / 072

英语学习与中国文化自信：语言文化中的
思想与政治   姚玲玲 / 080

论 文 集

How to Teach American English Consonants to
Chinese University EFL Learners   Wang Hongyu / 095

课程思政主导的《商务英语》课程育人建设报告：
四位一体、三维生态、二元融合   刘重霄 / 106

大学英语"课程思政"的教学路径探索   杨 静 / 116

思政元素融入英语词汇教学管窥   高建平 / 122

《法国文学史及选读》课程思政挖掘
——以"《中国人信札》中对中国儒学的
认识与思考"为例   于晨琦 / 128

电影名字的翻译   王立华 / 137

An Analysis of the Necessity of Bob's Forgetting the Disaster
——Comment on David by Earle Birney   刘润楠 / 141

课程思政理念在大学英语教学中的实践研究   王 鹏 / 146

高校口译课程思政建设路径探究
——以"2021年中美安克雷奇战略对话"
单元教学为例   葛卫红 / 153

日语教学中的历史观问题　　　　　　　　陈都伟　/ 161

六维景观视域下雄安生态与发展探析
　　　　　　狄沐祺　贺时纬　李宏宇　/ 168

附　录

高等学校课程思政建设指导纲要　　　　　　　　/ 183

中共首都经济贸易大学委员会首都经济贸易大学
关于深化课程思政建设的意见　　　　　　　　/ 192

中共首都经济贸易大学委员会首都经济贸易大学关于推进
"三全育人"综合改革的实施意见（2020—2022）　/ 201

中共首都经济贸易大学委员会关于推进教师党支部
落实课程思政建设制度化的实施意见　　　　　/ 212

中共首都经济贸易大学委员会首都经济贸易大学
关于推进试点学院课程思政建设的实施意见（2020—2022）/ 218

案例集

研究生英语思政导学课程——平衡之美[①]

李双燕

课程名称： 研究生综合英语
课程性质： ☑ 公共课　　□ 专业课
课程类别： □ 理论课　　□ 实践课　　☑ 理论实践一体课
课程所属学科及专业： 英语
授课对象： 非英语专业研究生

一、课程简介

"研究生综合英语"是非英语专业研究生的公共选修课程。

本课程思想文化内涵丰富，以培养学生的英语综合运用能力为目标，对学生进行听、说、读、写、译综合训练，全面提高学生实际应用语言知识和语言技能的能力，达到学以致用的目的；培养出更多的既有家国情怀、关心人类社会发展，又全面掌握英语、善于以英语为工具进行专业研究和工作，具有较强的思辨能力，能够讲好中国故事，传播中国文化，适应国家和社会发展需要的各行业高端人才。

二、课程思政元素发掘

（一）充分认识平衡与和谐对中国乃至全人类发展的重要性

2015年10月，在党的十八届五中全会上，习近平总书记提出了创新、协调、

[①] 本案例设计为2021年度首都经济贸易大学研究生教育教学改革项目"研究生英语思政导学课程微课建设（示范课程）"（02492154300112）的阶段性成果。

绿色、开放、共享的发展理念，强调创新发展注重的是解决发展动力问题，协调发展注重的是解决发展不平衡问题，绿色发展注重的是解决人与自然和谐问题，开放发展注重的是解决发展内外联动问题，共享发展注重的是解决社会公平正义问题。大到人类社会与自然环境间的平衡、发达国家与发展中国家间的平衡、城乡区域间的平衡，小到家庭的和谐、个人身心的和谐，都是平衡在不同层面的体现。可见，平衡、和谐、公平正义等理念是人类发展的必然选择与共同诉求。

（二）理解不同民族的哲学、思维方式以及其共通性，树立文化自信

世界文化丰富多样，既有差异又有共通性。当代大学生要担当汇通中西文化、传播中国文化的重任，就需要理解不同民族文化的特点，了解其看待事物的思考方式；同时要了解中华优秀传统文化所包含的哲学思想、人文精神、道德理念和治国理政的智慧等，通过对学习材料的分析对比，体会中国文化天人合一、合作共赢、利义辩证观等思想，从而深刻理解人类命运共同体的文化渊源，树立文化自信、民族自豪感与担当意识。

（三）培养学生的批判意识与思辨能力

世间万事万物既相互区别又相互联系，万物要经辨识，才会区别物与物之间的差异；万事要用辩证眼光看，方能分清事与事之间的联系。马克思主义发展观强调要用动态发展的辩证眼光看待问题，通过课程引导学生思考"平衡"与"失衡"的关系，深入分析失衡的原因、影响及其对于构建新的平衡关系的积极建构意义，引导学生通过不同层面、不同角度对事物形成较为全面立体的认知，提升思维品质。同时，思辨能力还涉及正确的人生理想和价值观的引导，以及仁爱之心、社会责任的培养等，从而帮助学生树立正确的世界观、人生观和价值观。

（四）引导学生树立正确的世界观、人生观和价值观

2020年9月发布的《关于加快新时代研究生教育改革发展的意见》强调，研究生教育肩负着高层次人才培养和创新创造的重要使命，是国家发展、社会进步的重要基石，是应对全球人才竞争的基础布局。研究生阶段是人生的关键时期，要引导学生学会做人做事，学会做一个能正确处理人与人、人与社会、人与自然、

人与自身关系并使之能协调发展的人，成为符合国家发展需要的人格健全、思想积极、能力较强的社会主义接班人与建设者。

三、教案设计

（一）教学目标

1. 知识目标

（1）理解视频内容和主题思想，训练视频语篇理解与整合能力；

（2）体会德国人特有的哲思方式和表达方式；

（3）掌握中西影视文化的故事叙述方式。

2. 能力目标

（1）看图叙事能力：能够按照一定的顺序用英文讲述视频所传达的含义；

（2）发散思维能力：能够辩证思考平衡与失衡现象及其两者之间的关系；

（3）口语交际能力：能够较为流畅地用英文表达自我观点。

3. 思政目标

（1）体会各民族对"平衡"的不同哲思方式，理解大道至简，树立文化自信；

（2）理解人性的贪婪与无私、阴暗与光明，体会合作共赢的重要性；

（3）了解中国为实现平衡与和谐所做的努力、取得的成果，理解人类命运共同体的时代意义，培养社会责任与担当意识；

（4）辩证思考平衡与失衡的动态运动关系，理解马克思主义的动态发展观；

（5）保持自我成长和内外平衡，以和谐自我维护和谐社会、和谐自然。

（二）教学内容

1. 教学内容

（1）"平衡"视听材料的学习与内容表达；

（2）中西文化有关平衡的概念与文化阐释；

（3）失衡现象原因、影响分析及应对政策；

（4）失衡与平衡的动态辩证关系分析。

2. 教学重点

（1）理解电影的主要故事情节，能够按照一定逻辑顺序讲述故事大意；

（2）理解"平衡"的概念、内涵、分类，挖掘中西文化有关平衡的理念；

（3）多方位探讨平衡，理解其在自然、社会与个体发展中的重要性。

3. 教学难点

（1）口语表达的正确性、流畅性与完整性、深刻性之间的矛盾；

（2）"平衡"主题的挖掘及对平衡与失衡之间的动态辩证理解。

（三）教学对象分析

本课程是面向非英语专业硕士研究生的公共选修课，学生来自学校各个学院，包括专业型硕士与学术型硕士（以经管类专业为主）。学生现阶段的英语学习主要有两个方面的重要特点。第一，学生虽然大部分已经通过 CET4、CET6 等测试，具有一定的英语基础（大致对应《中国英语能力等级量表》中的 5~6 级），但个体水平存在差异，整体上听力、口语、写作和翻译等技能相对薄弱。第二，学生面临学业、就业等各种压力，存在不同程度的焦虑情绪，身心健康也受到不良影响，在自我利益与社会责任之间难以平衡，对人类社会、自然环境等方面存在的问题缺乏深切关怀、辩证思考与责任担当。

针对学生现阶段的英语水平以及学习中的薄弱环节，本课程计划重点探索两个方面的问题。一是如何改变以往英语课程中以知识传授为主的形式，着重培养学生语言实际运用的能力，如综合技能运用能力，尤其是听说、读写结合等。这需要教师在教学过程中设计多样化的活动，鼓励学生在观看、倾听和理解的基础上表达自己的观点。二是如何全面地培养学生的思辨能力与实践能力。这不但包括逻辑思维和理性思考的能力，还涉及对人自身、人与人之间、人与社会、人与自然等各类关系的辩证思考，树立正确的人生理想及价值观，并将其付诸实践。通过案例分析，引导学生从自我身心健康做起，用历史发展的眼光看待自我、人类社会及自然环境等发展过程中出现的各类现象，采用整体观思考其利弊，努力让身边的人和事更加和谐美好。

（四）教学手段与方法

本课按照"自主、探究、合作"的原则，采取"线上 + 线下"的混合模式，配以多种教学法多层递进开展教学，具体方法如下：

（1）线上教学（课前）：采取任务驱动和探究式教学，学生预习要探讨的话题，通过泛雅平台观看视频，了解视频故事情节，引入主题。任务驱动教学是以建构主义学习理论为基础，学生在教师的引导下，带着明确的学习任务，积极进行自主探索和互助协作，综合运用已有的知识和特有经验，提出问题的解决方案。

（2）线下教学（课中）：通过师生、生生互动启发式教学，深入主题。

① 听说归纳：针对课前预习任务中的问题进行总结归纳，锻炼英语思维能力和英语语言表达能力；

② 头脑风暴：以个人或小组形式探讨平衡的内涵、形式、影响和应对策略，锻炼发散思维，挖掘主题；

③ 故事复述：采用543时间递减的原则复述故事（第一遍5分钟，第二遍4分钟，第三遍3分钟），提升口语表达能力与语言逻辑组织能力（可采用击鼓传花的方式选择故事复述者）；

④ 思辨研讨：思考平衡与失衡的关系，探讨平衡是否等于平均、等于静止，失衡是否有建设意义等，厘清常见认识误区；

⑤ 案例枚举：列举古今中外有关平衡的哲学思考、文化理念与相关实践或现象等，学生通过小组合作，学会沟通，多角度分析并阐述问题，在此过程中加深对"平衡"的理解。

（3）线上线下作业（课后）：双线并行进行巩固拓展，强化育人效果。

① 线上围绕有关平衡或失衡的各类现象进行自由研讨，可在平台发表评论、查看他人评论，通过师生、生生互动分享观点，了解看待问题的不同角度，从而提升思辨能力；

② 线下通过文献阅读或调查访谈等，考察自然、社会或自身存在的失衡现象，描述问题、分析问题，运用所学知识提出解决方案，撰写调查报告（或作文），潜移默化地引导学生成为一名积极向上、身心和谐的社会主义接班人，提升其保护自然、关爱社会、成长自我的责任意识。

（五）教学过程

1. 教学设计思路

"平衡"即和谐，这一主题贯穿人类历史发展的各个阶段。梁漱溟曾说人的一生需要处理好三种关系：人与物的关系，人与人的关系，人与自我的关系。这三种关系处理是否得当，各方能否平衡和谐发展，关系一个人的幸福，一座城市的繁荣，一个国家的未来，乃至人类这一物种的存亡。人的这三大关系是理解历史和世界的分析框架。

借助这一框架，我们将抽象的平衡细分为三个具体层面：人与物的平衡、人与人的平衡、人与自我的平衡，分别称为自然平衡、社会平衡和自我平衡。围绕这三个层面，本节课分别从宏观、中观和微观三个层面探讨平衡的重要性、影响平衡的因素、失衡带来的影响，以及中国为维护平衡与和谐所做出的不懈努力，理解这些努力背后的哲学或文化理念，同时能够批判性思考平衡与失衡的动态发展关系，思考在百年未有之大变局中个体的担当与使命，如何将个体的人生追求与时代发展、国家发展、世界发展紧密结合，如何维护自我和谐、社会和谐与自然和谐。思政元素贯穿整个教学过程，设计思路详见图1。

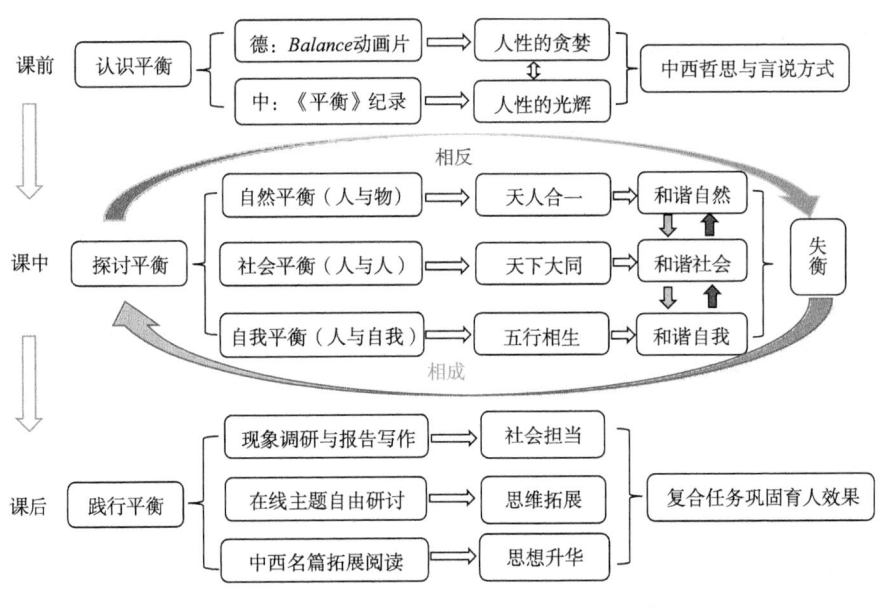

图1 "平衡"口语交际课程思政设计思路

2. 教学过程安排

本课按照"点—线—面—体—用"层层递进的方式将思政理念融入教学全过程，详见表1。

表1 "平衡"口语交际课程全过程育人理念设计表

教学步骤	教学内容	教学目标	教学方法	考核评价	思政要点
第一步：主题导入"点"	在课前预习两部有关平衡的视频基础上，设计相关问题，引导学生理解视频要传达的含义、反映的社会问题与人性问题	理解视频内容与主题，训练信息理解与整合能力（技能目标）；理解百宝箱的象征意义，人性贪婪造成的失衡与毁灭，体会合作共赢的必要与必然（思政目标）；了解为保护藏羚羊，维护自然平衡做出的巨大贡献（思政目标）	线上提前预习；头脑风暴；总结归纳；以小组为单位探讨视频内容，分享观影感受，教师不预设答案，调动学生的想象力与思考力；在此基础上，教师查漏补缺	随堂活动：以简短问题引导学生理解视频	理解平衡的重要性；体会儒家思想中"财聚则人散"的道理，克服人性贪婪，摒弃小我，拥抱大我，合作共赢；体会平凡中的伟大，见贤思齐，思考自我担当
第二步：主题复述"线"	按照一定的叙事顺序，复述故事，分析其要传达的含义，并分享观影感受，探讨自己对影片中"平衡"的理解	熟悉影片背景与情节相关词汇（知识目标）；强化故事复述能力（技能目标）；进一步理解合作对于保持平衡的重要性，体会不同民族对世界的哲思与叙事方式（思政目标）	543故事复述：每位同学向不同的小伙伴连续复述三次故事，用时分别为5分钟、4分钟、3分钟，提高口语流利度；故事接龙：以"击鼓传花"的方式，全班合作完成故事复述，体会合作的重要性	随堂活动：按照一定的顺序，以个人和小组形式复述故事	深刻理解合作的重要性；体会儒家思想中"财聚则人散"的道理，克服人性贪婪，摒弃小我，拥抱大我，合作共赢；体会不同民族的哲思方式，树立文化自信

续表

教学步骤	教学内容	教学目标	教学方法	考核评价	思政要点
第三步：主题深化"面"	引申探讨更多"平衡"与"失衡"现象，分为三大类：人与自然平衡、人与人平衡、人与自我平衡；结合古今中外有关平衡的理念与具体案例等，充分认识平衡的重要性、平衡背后的哲学理念，分析失衡的原因、影响及应对政策；理解平衡即和谐	学习中西文化知识（知识目标）；强化口语交际能力（技能目标）；培养逻辑分析能力（思政目标）；理解"天人合一"思想，理解中国为维护世界和谐、社会和谐做出的努力（思政目标）；认识自我平衡的重要性（思政目标）	头脑风暴；案例枚举；各小组探讨相关理念与案例，并进行小组展示；在引导学生讨论的基础上补充相关内容，如天人合一、人类命运共同体、五行相生相克、先富带动后富等，将讨论引向深入	随堂活动：按照一定的逻辑顺序，探讨有关平衡的理念与案例	强化逻辑分析能力；理解天人合一思想，理解人类命运共同体的内涵，树立文化自信、民族自豪感与担当意识；树立正确的世界观、人生观和价值观，维护自我平衡
第四步：主题思辨"体"	辩证思考常见的认识误区：平衡＝平均？平衡＝静止？失衡＝倒退？拥抱一切平衡，摒弃一些失衡？……引导学生进行批判思考，辩证看待平衡与失衡，思维更加圆融，对平衡的认知更加透彻	了解历史重大事件的平衡与失衡现象（知识目标）；强化口语表达能力（能力目标）；提升逻辑思辨能力（思政目标）；理解马克思主义动态发展观，培养开拓进取精神（思政目标）	案例枚举；思辨研讨；各小组探讨相关理念与案例，并进行小组展示	随堂活动：小组研讨：按照"指出问题→分析问题→解决问题"的思路展开论述，进行小组展示；教师及时反馈，引发学生深刻反思	培养思辨与批判意识；理解马克思主义发展观，正确看待平衡与失衡的关系，认清自身的使命与担当
第五步：主题拓展"用"	总结本课学习内容，重申主题思想，引导学生反思在百年未有之大变局中，如何维护自然和谐、世界和谐和自我和谐，深刻意识到自己的使命与担当	培养语言交际能力（技能目标）；提升逻辑思辨能力（思政目标）；培养平衡与和谐意识，贡献和谐社会与和谐自然（思政目标）	总结归纳；各小组总结本课所学、所思、所得及未来的努力方向	课后任务：1）现象调研；2）线上研讨；3）拓展阅读	通过多形式的课后任务，进一步领悟并践行本课传达的思政精神。以和谐自我建设和谐社会，维护和谐自然

（1）第一步：复习与主题导入（点）：

当今大学生一方面想寻找生命的意义，实现服务社会的理想，另一方面又囿于个人利益的小圈子不能自拔，这种矛盾说明大学生难以在利他和利己之间找到平衡。生活中我们也常听到难以平衡工作和家庭，难以平衡时间等。"平衡"是一个永恒的话题，于小关系个人，于大关系国家、社会乃至大自然，因而，有必要对这一主题进行深入探讨。课前学生已经预习了两部视频材料，请学生根据自己的观影体验，分享故事主要情节，理解视频要传达的"平衡"的深刻含义、反映的社会问题及人性问题等。

（2）第二步：主题复述（线）：

学生了解两部电影的主要情节后可以按照一定的顺序复述故事，复述完毕，可用一两句话总结自身感受或者进行简单评价。复述时既可按照事情发展的顺序，也可按照"5W+1H"的顺序，锻炼口语表达能力和逻辑组织能力。复述时，我们可以做一个小游戏，如"543故事复述法"，即每位学生要分别向三位不同的伙伴复述故事，第一遍用时5分钟，第二遍4分钟，第三遍3分钟，不断提升口语流利程度。最后通过击鼓传花的方式，任意选择5位同学进行故事接龙，全班合作完成整个故事复述，在锻炼听说能力的同时，体会合作的重要性。

（3）第三步：主题深化（面）：

通过问题层层引导学生进行深入思考，比如，观看了两部视频中描述的"平衡"，请学生通过大脑风暴进行发散思维，想想还有没有其他"平衡"或"失衡"现象以及表现在哪些领域，失衡的原因是什么，影响是什么，如何重建平衡。从梁漱溟论述的人生需要处理的三种关系，即人与物的关系、人与人的关系和人与自我的关系来谈论平衡。

第一，人与物之间的关系：可以指"人与金钱或财富的关系，人与自然的关系"等，暂且称为自然平衡关系；

第二，人与人的关系：可以指师生关系、同学关系、邻里关系、家庭关系，也可以指国家之间的关系、城市之间的关系等，暂且称为社会平衡关系；

第三，人与自我的关系：包含人与身体的关系和人与内心的关系，暂且称为自我平衡关系。

请学生以小组为单位，围绕这三类关系，列举更多有关平衡或失衡的现象或案例。最后教师可以简单梳理，并对各类现象进行分析（见表2）。

表 2 平衡—失衡现象分析参考表

平衡类型	平衡/失衡现象	失衡原因	平衡策略	文化理据
自然平衡	环境污染；物种灭绝；印尼洪水；澳洲大火；新冠肺炎疫情；……	人性贪婪打破自然平衡；环境遭受破坏	"两山"理论；低碳生活；垃圾分类；新能源车；……	中庸之道；天人合一；众生平等；道法自然；可持续发展；……
社会平衡	大国关系；贫富差距；邻里和睦；师生融洽；家庭和睦；……	单边独裁主义；社会发展不平衡；人与人之间缺乏包容和同情心	人类命运共同体；改革开放；先富带动后富；全国脱贫；小康社会（实现第一个百年目标）	合作共赢；和谐社会；和而不同
自我平衡	身体健康问题：慢性病、大病重病年轻化等；心理健康问题：消极、抑郁；……	作息、饮食不规律、压力大；人生观、价值观、世界观等不健康	实施大健康策略；重视体育教育；立德树人	中医五行理论；儒家明德教育

此外，中国书法、建筑、绘画等也强调平衡之美（列举并展示相关图片）。

（4）第四步：主题思辨（体）：

人们对待平衡和失衡现象时，力争平衡，避免失衡。那么，在任何时候，平衡一定是好事儿，失衡一定是坏事儿吗？教师要引导学生多角度看问题，学会辩证思考。

以中医"瞑眩反应"为例加以分析。《黄帝内经》中说："药不起瞑眩，其疾弗去。""瞑眩"是指药在体内起作用时，身体会暂时感到不适应，就像一辆高速运转的汽车，突然来个急刹车，会因为惯性产生一个冲力，从而打破原来的平衡。其实这恰好说明药发挥了疗效，正在不断调理中，让身体从病态中恢复过来，重新达到平衡。如果没有这个"瞑眩"过程，病是很难根除的。

身体如此，学习亦然。学生如果理解这个道理，在学习、工作、生活中就能更好地承受成长过程中的"不适"，经历一番寒彻骨，赢得梅花扑鼻香。此时，可以顺势引导学生正确对待英语学习过程中遇到的困难。比如，自 2017 年以来，首都经济贸易大学研究生公共英语课程一直开展英语有声经典聆听和美文背诵活动，大家开始很不适应，听不懂、说不出、背不熟，遇到不少挫折，从而产生畏难情绪，甚至怀疑自己。教师在上课时告诉学生，越不适应越说明对先前学习习惯或方法的纠正力度越大，成长越快。明白这个道理后，很多学生能够调整心态，正视这个过程，有时还特别期待这种"不适"，进步比较明显。比如，2019级法学院一位研究生在期末这样反馈：

> 老师，感谢您这学期苦口婆心地让我们每周花大量时间练习听力，使我们能够找到有效的学习方法。就像您举的"药不起瞑眩，其疾弗去"这个例子。开始的时候确实很痛苦，但是经过一定的过程和时间之后，感觉确实比刚开学时有长进，这次考四级我感觉就很明显，听到的单词量和句子比以前多，关键自己的信心增强了！

令人欣慰的是，有些学生毕业后还在坚持用这种方法学习英语。这不正是我们所期待的效果吗？鱼渔双授，培养学生终身学习的能力。其实不仅是在英语学习中如此，在研究生阶段的学习、科研、实践中，乃至在参加工作之后，都需要勇于打破原来的平衡，敢于接受种种"瞑眩反应"，跳出舒适圈，迎难而上，重建新平衡，实现自我成长。因而从这个意义上说，失衡也有其积极意义，失衡是为了达到更好的平衡，两者相辅相成，辩证统一。平衡不是静止的，而是运动变化的，我们要用马克思主义辩证发展观进行审视并加以利用。

（5）第五步：主题拓展（用）：

① 小结：综上所述，我们可以看到平衡对于自然、社会及个体的重要性。值得注意的是，这三类平衡不是孤立存在的，而是紧密相连、相互影响的。确切而言，自然平衡会影响社会平衡，进而影响到个体平衡。如果没有一个好的自然环境，人类与自然就不能和谐相处，人类也就失去了栖息地；如果没有一个和谐安宁的社会，人民也就难以安居乐业；同样，如果个体没有一个正确的价值观，没有健康的身体，没有知识能力和担当情怀，就不能建设社会、维护自然。

② 作业：谈论结束后，以小组为单位，每个小组用1分钟总结自己的收获，也可以提出新的疑问。课下将围绕该话题继续探讨：

第一，针对平衡/失衡现象准备一段3至5分钟的演讲，上传到超星平台；

第二，线上研讨：利用超星平台发布相关主题，大家可以继续留言探讨；

第三，观看视频 *A Pale Blue Dot*（《暗淡蓝点》），体会宇宙的浩瀚和个体的渺小，联想苏轼《赤壁赋》阐释的观点，思考人类该如何珍惜地球，当代大学生应如何珍惜时间和生命，以梦为马，不负韶华。

四、教学效果分析

本课程的教学内容和教学设计符合研究生英语的认知规律，围绕影视作品衍生出来的各项课堂任务活动能够充分调动学生的积极性，有效激发其辩证思考和口语表达能力；通过"点—线—面—体—用"层层递进，将思政元素润物细无声地融入口语交际活动中，结合多种案例和思辨研讨，把一系列问题留给学生去思考，在巩固语言知识和技能的同时，训练学生进行批判性思考，深刻认识平衡对于自然、社会和自身的重要性，反思失衡带来的后果，探索实现平衡的路径；引导学生结合身边案例学以致用，从身边小事做起，让自己的身心平衡，学习和工作平衡，人际关系和谐，以和谐自我建设和谐社会，维护和谐自然，也为实现第二个百年目标（建设富强、民主、文明、和谐的社会主义现代化国家）而奋斗。本课作为研究生综合英语先导课程的一部分，帮助学生迈好研究生英语学习乃至整个研究生学习阶段的第一步。

反观自身，教师首先也应是身心平衡、内外和谐的人，这样才能"以积极带动积极""光明引领光明"；其次也要敢于不断走出舒适圈，更新教育教学理念，掌握新的教学方法等，以新平衡突破旧平衡，以自我成长促进学生的自觉成长。

视听说课程——视听语境下的思政教学优势

陈媛媛

课程名称： 商务英语视听说Ⅱ
课程性质： □公共课　　☑专业课
课程类别： □理论课　　☑实践课　　□理论实践一体课
课程所属学科及专业： 文学类商务英语专业
授课对象： 外国语学院二年级本科生

一、课程简介

《商务英语视听说》是商务英语专业的核心基础课程，开设本课程的目的在于为新时代培养具有扎实的英语语言基础、广博的英语文化知识的商务英语专业人才。

本课程是为商务英语专业二年级本科生开设的课程。通过本门课程的教学，使学生在提高英语能力的同时，学习商务知识；在获取语言技能的同时，掌握商务交际技能。在教学过程中，通过视频、音频以及与之配套的练习构建视、听、说有机结合的互动教学模式，学生在掌握英语听说技能的同时，逐步学习国际商务知识，循序渐进地提高跨文化商务沟通能力。

本课程是一门商务英语专业技能课程，它符合《商务英语专业教学指南》规定的培养目标和课程体系，突出培养学生的英语运用能力、商务实践能力、跨文化交流能力、思辨与创新能力等。本课程坚持语言、文化、商务三者有机结合，充分体现国际化、人文性、复合型、应用性的特点和育人理念。

本课程的教学目标是培养能够在商务领域熟练运用英语,同时兼具组织能力、实践能力和创新能力的复合型人才。课程学习结束后,学生将掌握一定的听说技能和商务交际能力,并为高年级深入学习商务知识、掌握高级商务英语的运用能力奠定基础。

二、课程思政元素发掘

本课程各个章节在授课时可能包含的思政元素如下:

第一章　Trade Fair Preparations
元素1:注意各国文化差异在商务交往中的重要性
第二章　Establishment of Business Relations
元素2:注意在跨文化商务沟通中尊重文化差异
第三章　Inquiry and Offer
元素3:注意国际通行的礼仪用语
第四章　Price Negotiation
元素4:人际交往中的有理有利有节
第五章　Placing Orders
元素5:注意双赢原则
第六章　Packing and Labeling
元素6:细节决定成败
第七章　Dealing with Freight Forwarders
元素7:好的开始是成功的一半
第八章　Shipment and Delivery
元素8:效率优先
第九章　Customer Service and Satisfaction
元素9:换位思考,双赢原则
第十章　Supplier Evaluation and Selection
元素10:在商言商
第十一章　Employee Appraisal and Recognition
元素11:以人为本,互相共赢

第十二章 Company Culture
元素12：尊重各国之间的文化差异，重视文化多样性

三、教案设计

（一）教学目标

本课程是商务英语专业的核心基础课程，目的在于为新时代培养具有扎实的英语语言基础和广博的英语文化知识的商务英语专业人才。本课程的教学目标是培养能够在商务领域熟练运用英语，同时兼具组织能力、实践能力和创新能力的复合型人才。本课程学习结束后，学生将掌握一定的听说技能和商务交际能力，并为高年级深入学习商务知识、掌握高级商务英语的运用能力奠定基础。

本课程语言简洁生动，通过系统介绍涉外商务活动中常用的英语对话和技巧，使学生能够听懂常速商务会话或陈述，掌握其要点和相关细节，并领会说话人的态度、感情和真实意图。通过在商务环境中学习语言，提高学生的商务知识和技能，为将来更好地从事跨文化商务交际奠定良好基础；本课程要使学生通过听、看、说掌握商务英语词汇、术语、英语基础知识；内容涉及日常问候、接听电话、约会安排、招聘面试、会议组织、产品描述、价格谈判等商务活动。在商务世界里与人交流，为更高级商务英语的学习奠定基础；注重商务应用，达到培养复合型人才的目标。

本课程教学案例的教学目标包括：

在语言知识学习方面，包含了词汇、语法、翻译、商务等方面的知识；在培养实际应用能力方面，旨在提高学生英语技能的学以致用能力，以及进行商务交际技能的训练等；在人文价值培养方面，主要培养学生的全方面素养，包括人文修养、思辨能力、家国情怀等。

（二）教学内容

本课程是学习商务英语其他相关课程的基础性核心专业课程，为学生提供一个关于商务英语学科的入门介绍，并对商务英语情境有整体的认识。本课程突出自主、互动的学习过程，使学生学以致用。在教学过程中注重国际商务实践能力的锻炼，在商务活动的情境中既熟悉了商务知识，又学习了相关商务英语的应用。

本课程教学案例的学习内容、学习目标以及学习过程如下:

脱口秀视频为 *Bill Maher Self-reflection and Self-mocking*(比尔·马厄脱口秀),比尔·马厄在节目中以怒其不争的口吻吐槽了美国的基建、国民懒惰等问题以及与中国的差距。学科目标包括精听视频,掌握各种词汇、表达法以及背景知识;育人目标包含认识偏见与歧视的根源,培养客观、理智、有主见的世界观和价值观;思政融入点在于立足课程内容,结合国内外事实,帮助学生更好地理解当今中国与各国关系的转变。学习的过程主要包含以下几个方面:a)无字幕视频播放 2 遍,了解大意。b)布置听力练习(包括汉译英短语、问答题、判断题),再播放 2 遍无字幕视频。c)课堂完成训练听力练习,学习相关词汇与表达。d)听力材料复述环节,请学生将所理解的内容用自己的语言复述出来。e)课堂讨论环节,开展中英文讨论。

(三)教学手段与方法

在教学方法上,充分发挥输入和输出的功能,先输入后输出,先听说交叉(通过听力理解训练学生的认知型技能,通过口语训练培养学生的应用型技能,从而使听说技能互相促进、互相提高);然后再过渡到视听说交融式训练,让学生观看紧扣商务主题的视频,进行表达性的口语应用练习。应用型技能练习的设计可操作性强,从易到难,循序渐进,有的放矢,通过真实而有趣的情景和适量的个人、双人及小组任务让英语层次不尽相同的学生在课堂上都有机会得到充分的语言训练和能力展示。

在课程思政内容的融入方面要做到:在教学过程中有效实现专业教学与思辨教育、德育培养的有机结合,有利于学生树立成熟、客观、理智的民族自信心和文化自豪感。引导学生了解多元文化的差异与相似之处,树立成熟、独立、客观的人生观、价值观和世界观;传承和创新中华优秀传统文化,积极引导学生树立正确的国家观、民族观、历史观、文化观。

本课程教学案例的教学方法包括任务式教学、情景式教学及交互式教学。任务式教学的主要目标在于泛听理解、完成课堂练习;情景式教学的主要目标包括复述短视频内容、讨论相关问题;交互式教学的主要目标在于挖掘内涵、掌握词句表达。本节课程的思政训练重点在于学生的批判性思维,引导学生思考外媒的倾向性立场,学会做出理性的判断,对外媒宣传保留独立思考;引导学生思考外媒对我国的责难,客观得出自己的结论;引导学生客观理解媒体的双标立场等。

（四）教学过程

在教学实践过程中，注重以学生为中心的教学模式，并主要体现在课前、课上、课后的语言活动设计中。课前阶段，学生是自觉的学习者，需要按教学计划观看相关教学视频，然后分小组活动，组内成员进行分工合作，按照不同的任务分工，查找相关资料。课上阶段，学生是主要的参与者，需要模拟前期观看的视频中各种活动场景，包括访谈、课堂讨论等；教师是课堂的协调者，保证每一位同学都有发言和运用语言的机会。课后学生需要复习巩固课堂所学知识以及语言表述，并定时组织测试，目的在于帮助学生建立自我监控意识，清楚地认识自己的学习能力，自己掌控学习进度；培养学生必要的商务英语听说综合技能，帮助学生不但在学业上取得成功，更能够在将来职场上达成宏愿（见表1）。

表1 教学过程表

外媒脱口秀视频精听		
教学意图	教学内容及手段	环节设计
热身	第一遍学习，不放视频，盲听一遍音频；目的在于获得大致理解，检测学生听力理解能力和新闻背景知识的熟悉程度	时间：2分钟
话题引入，提出主旨性问题	第二遍学习，播放无字幕版视频，增强理解，为复述视频内容主旨做准备	时间：4分钟 激发学生兴趣，引发思考
本节课程学习内容列表	1. 差距只是尚未显现； 2. 中国已经垄断了5G和制药行业； 3. "一带一路"倡议； 4. 史上最大的基建项目； 5. 高铁； 6. 武汉暴发新冠肺炎疫情时，这个城市花了10天建造了一个拥有4 000个房间的隔离中心； 7. 他们很快控制住了疫情蔓延； 8. Make a list of the Chinese accomplishments he mentioned at the beginning of the video; 9. What is the joke the anchor made after he introduced the Chinese high speed rail? 泛听抓整体理解，精听抓关键词句	时间：10分钟 通过泛听与精听相结合的方法，帮助学生理解、掌握本节课程的学习内容

续表

外媒脱口秀视频精听		
教学意图	教学内容及手段	环节设计
核心重点学习	差距只是尚未显现。 The returns just haven't all come in yet. 中国已经垄断了5G和制药行业。 China has cornered the market in 5G and pharmaceuticals.	时间：5至10分钟 利用PPT多样化的制作和演示，结合板书，帮助学生拓展词汇，提高表述能力
核心重点学习	"一带一路"倡议 Silk and road initiative 史上最大的基建项目 The biggest infrastructure project in history 高铁 High-speed rail 武汉暴发新冠肺炎疫情时，这个城市花了10天建造了一个拥有4 000间房间的隔离中心。 When COVID hit Wuhan, the city built a quarantine center with 4 000 rooms in 10 days. 他们很快控制住了疫情蔓延。 They quickly arrested the spread of the disease.	时间：5至10分钟 利用PPT多样化的制作和演示，结合板书，帮助学生拓展词汇，提高表述能力
课堂讨论	设计话题，引导学生进行批判性思维训练，引导学生思考外媒的倾向性立场，学会做出理性的判断，对外媒宣传保持独立思考的能力；引导学生思考外媒对我国的责难，客观得出自己的结论；引导学生客观理解媒体的双标立场等	时间：5至10分钟
课堂总结与内容回顾	对本次课程的主要内容，尤其是重难点、语言点和表述进行回顾	时间：2分钟

四、教学效果分析

通过本次课程的尝试与积累，逐步建成首都经济贸易大学商务英语视听说课程的思政教学语料库,积累大量时事政治类英语视频音频材料,切实提高学生听力理解能力,打破高校英语教育"低端语言工作坊"怪圈,培养学生思辨能力。本课程借助课程设置本身的多媒体教学手段和视频资源优势,在教学过程中能够有效实现专业教学与思辨教育、德育教育的有机结合,有利于学生树立成熟、客观、理智的民族自信心和文化自豪感,同时也有助于学生树立正确的人生观、价值观和世界观。在加强经贸类英语应用能力、进一步突出本校商务英语专业特色的基础上,加强思政教育,培养出具有理智、成熟的民族自豪感与自信心,以及成熟、独立、客观、健康积极的人生观、价值观、世界观的新青年。

运动主题英文语篇中的中国文化元素
——以 2022 年北京冬奥会和冬残奥会吉祥物与会徽报道为例

贾冬梅

课程名称： 英语阅读 Ⅱ
课程性质： ☐公共课　　☑专业课
课程类别： ☐理论课　　☐实践课　　☑理论实践一体课
课程所属学科及专业： 英语语言文学　商务英语专业
授课对象： 外国语学院商务英语专业一年级学生

一、课程简介

《英语阅读Ⅱ》课程以加强学生对构词的认识、对比较复杂的英语句子结构的把握为手段，以进一步提高英语专业一年级学生的英语阅读能力和阅读速度为目标，通过阅读题材广泛的文章来帮助学生了解英语国家的方方面面。

本课程以上海外语教育出版社出版的《泛读教程1》为主要教材。该教材收录的阅读材料题材广泛，包括大学校园生活、世界各地的饮食与社会风俗、宗教信仰、世界政治经济组织、体育运动、互联网以及经典文学作品节选等类型，知识性与趣味性兼具。本课程也同时为学生提供时事阅读素材。

二、课程思政元素发掘

《泛读教程1》第七单元的主题是运动。教材提供的两篇课文分别介绍2014

年南京青年奥林匹克运动会和奥运会的历史。在当时，北京将在 2022 年 2 月 4 日至 2 月 20 日举办第 24 届冬季奥林匹克运动会，为了向学生提供更新鲜的阅读材料，紧跟时事，教师补充了国际奥委会网站刊登的关于 2022 年北京冬奥会和冬残奥会的两篇报道，并将它们设置为此单元的重点篇章。

两篇报道的标题分别为：*Beijing 2022 Officially Launches Olympic Mascot* 和 *Beijing 2022 Unveils Official Emblems*（即"北京 2022 正式发布奥运吉祥物"和"北京 2022 奥运会官方会徽揭晓"），内容是对北京冬奥会的吉祥物冰墩墩以及冬奥会和冬残奥会会徽的详细介绍，总词数为 992 个。通过学习这两篇文章，学生能够了解北京冬奥会与冬残奥会具有浓郁中国特色的吉祥物与会徽的设计理念，掌握相关词汇与地道标准的表达，学习用准确的英语讲述中国的文化。

三、教案设计

（一）教学目标

奥运会不仅追求"更快、更高、更强——更团结"，更追求和平，这与中国致力于推动世界和平与发展相契合，与中华民族精神相一致。本课的总体教学目标就在于指导学生在阅读材料中寻找相关表述，掌握这些表述，并能运用它们阐述奥运精神与中国精神的一致之处。本课的总体教学目标可以分解为以下具体目标：

第一，学生能够用英语准确解释"冰墩墩"和"雪容融"（图 1）这两个名字的字面意义及其喻义；

图 1　冰墩墩（左）和雪容融（右）

第二，学生能够用英语准确描述冰墩墩、雪容融、冬奥会会徽以及冬残奥会会徽（图2）的形态特征以及其中蕴含的中国文化元素；

图 2　北京 2022 年冬奥会会徽（左）和冬残奥会会徽（右）

第三，学生能够用英语准确地讲述北京 2022 冬奥会和冬残奥会吉祥物以及会徽所体现的奥运精神与中国精神。

（二）教学内容

阅读材料对冰墩墩、雪容融以及两个会徽做了比较详细的介绍。

北京 2022 年冬奥会的吉祥物冰墩墩（Bing Dwen Dwen）是一只造型可爱的熊猫。在它的名字中，"冰"象征纯洁与坚强，"墩墩"的意思是结实敦厚的孩子。两个词组合在一起，象征冰雪运动员的意志和力量。冰墩墩包裹着具有超能量的冰晶外壳，头部外壳取了冰雪运动头盔的造型，装饰着流动感十足的色彩鲜艳明亮的光环。光环象征赛道和高科技。在冰墩墩的左掌心有一个红色心形图案，代表主办国对冰雪运动的热爱，对远道而来的朋友们的欢迎。

北京 2022 年冬残奥会的吉祥物雪容融（Shuey Rhon Rhon）的原型是温暖喜庆的红灯笼。在它的名字中，"雪"象征纯洁；"容"表示包容，意喻交流借鉴；"融"的意思是和谐。雪容融的顶部有一圈和平鸽，鸽子们的尾翼两两之间巧妙构成了天坛图案。它的头顶是中国传统如意造型。憨态可掬的雪容融体现着主办国对和谐世界的美好愿望。

体现着冰雪运动员的热情与活力的北京 2022 年冬奥会和冬残奥会会徽同样富含中国特色。冬奥会会徽用流动的彩带写出汉字书法"冬"。"冬"字的上半部分被设计成滑冰运动员的形态，下半部分的两点被设计成滑雪运动员的形态。图案中间的彩带象征主办国连绵的群山、奥运赛场、滑雪道和滑冰场。会徽中的蓝色象征纯净的冰雪、梦想和未来；红色和黄色是中国国旗的颜色，象征热情、朝气和活力。会徽的另一个含义是冬奥会会程恰好与中国最重要的传统节日春节重合，冬奥会是向世界展示传统与现代相融合的中国的窗口。

冬残奥会会徽以"飞"字为原型，也融入了汉字书法元素，并被命名为高飞（Flying High）。会徽中的"飞"字被设计成一名冲向终点的乘坐轮椅的运动员，图案充满力量感，显示出运动员坚韧不拔的精神。

本课的重点在于学生要熟读材料，掌握相关词汇，能够观察吉祥物与会徽图片并比较完整地复述它们的特征与象征意义，这也是本课教学的基本要求。本课的难点在于需要学生用准确的词汇、用自己的语句自然流畅地讲述吉祥物与会徽的特征和象征意义。教师将设计相应的练习来帮助学生达到这一目标。

（三）教学手段与方法

本课教学时长 100 分钟。教师在教学中使用 PPT 课件向学生展示重点词汇和内容，并通过提问、讲解、组织小组会话活动、课堂会话展示、学生评价与教师评价等方法与手段融入思政点。在教学过程中，教师不断启发引导，提问每一名学生，及时解答学生有疑问之处。学生可以自愿选择合作伙伴结成两人小组进行会话练习，并进行课堂展示，听取同学和老师对展示提出的意见和建议。课后作业为写作练习，帮助学生巩固课堂所学。

（四）教学过程

本课的教学目标是学以致用。教师首先以启发引导的方式导入冬奥会主题，在讲解阅读材料之后，安排口语活动和写作任务，帮助学生切实掌握相关词汇与表达。课堂教学具体步骤如下。

1. 第 1 步（10 分钟）：热身问答

（1）提问 3 名学生，要求学生口头讲述自己最喜欢的一项运动；要说明是什么运动，为什么喜欢这项运动，从事这项运动的频率及其对自己产生的影响。

（2）提问 1 名学生，请他 / 她讲述自己所了解的奥运知识。

（3）提问 1 名学生，请他 / 她讲述自己所了解的 2022 年北京冬奥会。其他同学可以自由补充相关内容。

2. 第 2 步（25 分钟）：课文讲解

（1）向学生展示冰墩墩、雪容融以及 2022 年北京冬奥会和冬残奥会会徽图片。给学生2分钟时间，请他们寻找吉祥物与会徽中的中国元素，体会它们所蕴含的体育精神与所传递的中国文化。学生在这个过程中可以相互讨论。

（2）请学生在8分钟内读完两篇报道，在阅读的同时需要标注有疑问之处以及对描述吉祥物与会徽有帮助的表达。

（3）在15分钟之内完成课文讲解。在讲解过程中就生词和描述所需的关键词与句型不断提问，确保学生准确理解它们，如：the Olympic Winter Games Beijing 2022（2022北京冬奥会）、Beijing 2022 Paralympic Winter Games（2022北京冬残奥会）、launch Olympic mascot（发布奥运会吉祥物）、embody the strength and willpower/the passion and vitality of athletes（体现运动员的力量与意志/热情与活力）、halo（光环）、resemble（类似）、generate/build excitement and anticipation（激发热情与期待）、spread joy and benefits（传播快乐与收获）、incorporate the elements and the characteristics of China and the Chinese people（融合中国与中国人民的元素与特点）、a lantern child（一个灯笼娃娃）、perseverance（毅力）、sustainability（可持续性）、licensed products（许可产品）、unveil official emblems（揭晓会徽）、symbolize（象征）、coincide with the Chinese New Year（恰逢春节）、shared goal（共同目标）、showcase the best China（展示最好的中国）、a unique blend of modern and ancient traditions（现代与古代传统的独特融合）、the Paralympians（残奥会选手）、quest（追求），以及resilience（韧性）等。

3. 第3步（15分钟）：课堂小组活动

（1）角色扮演活动（8分钟）：要求学生每两人一组，其中一人扮演外国运动员，另一人扮演冬奥会志愿者，志愿者向运动员讲解2022年北京冬奥会与冬残奥会会徽与吉祥物中的中国元素。要求学生使用阅读材料中的词汇和表达，鼓励学生借助词典丰富自己的表述。学生需要交换角色。

（2）小组汇报（7分钟）：教师挑选两组做课堂展示，请其他同学提意见，教师讲评。板书学生使用的不同于阅读材料的表达，讲解并表扬。

（3）课后作业：学生写一个一百词左右的段落，主题为Olympic Games and China（奥运会与中国），教师将在本单元的第二个教学周讲评。

4. 第4步（50分钟）：作业讲评

（1）学生互评（15分钟）：学生每两人一组，交换作业，互相仔细批改作业中语法、用词、句子衔接与内容方面的问题，允许讨论，提出修改办法。

（2）教师讲评（35分钟）：教师讲评3至4篇作业，以学生自愿报名或者教师随机选择的方式进行。教师不仅要评改作业中的问题，还要对学生互评时发现的问题以及互评本身出现的问题提出意见和建议。

（3）学生修改作业，两天之后交给教师。教师批改、计分，分数计入学期平时成绩。

四、教学效果分析

课堂会话活动的宗旨是帮助学生练习相关话题，并尽可能丰富自己的表达。教师发现，在本课的课堂会话活动中，学生的表现可以分为两类：一类学生能够达到教师的全部要求，圆满完成任务；另一类学生能够达到教师的部分要求，部分地完成任务。具体来说，自主学习意识强的学生能够做到遵守教师要求，依据阅读材料，尽可能使用教师着重讲解的词汇与表达进行描述，利用这一过程主动记忆，从而掌握生词；相反，自主学习意识相对较弱的学生在会话活动中仍旧使用自己更熟悉、相对简单的词汇进行表述，忽略新词和新表达（例如，这部分学生使用 look like 而不是 resemble，使用 stand for 而不是 embody，使用 make people happy 而不是 spread joy，使用 combination 而不是 blend 等）。对于自主学习意识强的学生，教师在课堂上明确指出他们的表现好在哪里，并提出表扬；对于自主学习意识较弱的学生，教师在课堂上应当首先肯定他们的会话活动基本达到了要求，然后指出他们需要在哪些方面做出改进。

在写作作业中，学生们选择的角度各不相同，作业水平参差不齐。因为作业的重点在于鼓励学生对奥运会与中国的关系进行认真思考和表达，所以只要作业整洁，内容和长度都符合要求，教师就提出表扬，并给学生比较好的成绩。书面作业表现出来的问题与课堂会话活动类似，仍然是一部分学生努力使用新词和新表达，另一部分学生依赖旧有词汇和表达。积极尝试新词汇的学生的共同问题是没有查阅目标词语的正确、完整用法，在名词的可数性和动词的及物性等方面出现错误。针对这种现象，结合泛读教学的特点，教师在课堂上强调词典、语法手册对自我学习、提高语言水平的重要性，以及对终身语言学习的重要性。

总体而言，课堂与课后练习有助于达成更好的教学效果，教师对学生的表现进行及时、明确、鼓励性的反馈有助于他们取得进步。

语法课上的诗人情怀

栾 婷

课程名称：基础法语Ⅱ
课程性质：☐公共课　　☑专业课
课程类别：☐理论课　　☐实践课　　☑理论实践一体课
课程所属学科及专业：外国语言文学学科法语语言文学专业
授课对象：法语语言文学专业一年级学生

一、课程简介

《基础法语Ⅱ》是法语语言文学专业的学科基础课，开设于一年级下学期，在人才培养中起着承上启下的重要作用，既为零起点学习法语的学生打下坚实的词汇和语法基础，又开启二年级更深层面的学习。该课程使用外语教学与研究出版社的最新教材《新经典法语》，既涉及时态、介词、代词等重要语法点，又紧贴时代发展与学生特点，涵盖新闻、文学、科技、旅游等文化知识。

本次课程思政案例适用于《新经典法语》第二册第三课内容，通过对雨果《明天，清晨》诗歌的讲解与延伸，让学生深入领会、掌握简单将来时的语法点，同时感受法语诗歌的韵律与情感，并与中国古典诗词进行比较，从而更深入理解中西文化和文学各自蕴含的魅力与美。

二、课程思政元素发掘

（一）元素1：对比中西文化与文学，开展美育

外语教学中的真实语料不仅能给学生提供原汁原味的语言素材，更蕴含着大

量的社会、艺术、文学等文化价值。本课程的教学内容为雨果著名悼亡诗《明天，清晨》。如果仅局限于字面意思讲解，会错失其中蕴含的大量信息。本课程在学习语言知识的基础上，与学生一起欣赏诗篇的结构、韵律与遣词造句，同时延伸至苏轼的悼亡诗《江城子·乙卯正月二十日夜记梦》，通过对两首诗词的深度赏析，帮助学生体会诗篇传达出来的意境美与真情实感，从而让学生更加热爱文学，热爱世间美好的事物。

（二）元素2：弘扬中华民族优秀传统文学与文化

外语专业的学生特别容易忽略对母语文学与文化的关注，但实际上母语水平会极大地影响外语学习，同时，母语文化与文学也是学生的立根之本，因此外语专业不应轻视汉语学习与中华民族优秀传统文化教育。另外，外语专业的学生承担着向国际展示、介绍中国的责任，更好地了解本国文化有助于中国树立更加积极的国际形象。本次课程选取与法语诗篇内容与情感较为一致的苏轼词做对比，不仅不显得突兀，还丰富了外语课堂，拉近了两种文化的距离。通过中西诗词对比，学生不仅能深刻地认识中国传统诗词的格律与结构，更能感受到中国古典文学尤其是诗词的精练与韵律，从而更加热爱中国优秀传统文学与文化。

（三）元素3：塑造个体人格，树立正确的人生观、价值观等

雨果和苏轼都是世界文学史上的巨匠，他们不仅文学成绩斐然，还有着悲天悯人的文人情怀。大学生正处于思想逐渐成熟阶段，走近两位作家，了解作家的生平，阅读名家名作，可以帮助学生丰富精神生活，完善自身人格，更好地思考人生，树立正确的历史观、人生观、价值观等。这些影响会伴随学生一生。雨果的《明天，清晨》表达了深沉的父女情，苏轼的《江城子·乙卯正月二十日夜记梦》饱含着对亡妻的怀念，阅读、赏析这两部名篇能够帮助学生理解父母之爱，树立相知相敬的健康爱情观。

三、教案设计

（一）教学目标

1. 知识目标
掌握简单将来时的变位形式、特点与作用。

2. 能力目标

正确使用简单将来时表达未来的计划与即将发生的事件。

3. 文化目标

了解法国著名诗人雨果，了解法语诗歌的基础结构、韵律知识。

（二）教学内容

1. 教学重点

简单将来时的变位。

2. 教学难点

简单将来时变位中的特殊形态。

（三）教学手段与方法

本课程教学内容为重要且较为复杂的语法知识点，但相较于传统的讲解法，本课程努力使用问答法、演绎归纳法等教学方法，充分调动学生的分析思考能力，发挥学生的主观能动性和主体作用。具体包括：

1. 课堂中心从以教师为中心转向以学生为中心

改变传统以教师讲授为中心的课堂教学模式，精心设计多样的教学活动，调动学生的积极性，让学生成为课堂主体，成为自身学习的原动力。例如，在遇到一个新问题时（例如：何为简单将来时），教师不是直接给出答案进行讲解，而是首先抛出问题，鼓励学生大胆进行合理猜测，在学生回答的基础上开展充分讨论、增补，直至得出一个较为完整、准确的答案。再如，将传统的语法结构练习题改为连线题、排序题等多种互动题型，并鼓励学生分组讨论，调动学生的积极性，丰富课堂活动内容。

2. 通过归纳推导语法逻辑

改变传统以教师灌输为主的语法教学方式，转而通过观察、思考、分析、归纳，帮助学生总结出语法规则。这一过程明显优于教师灌输的传统教学方法，因为学生不再是被动接受语法规则、死记硬背，而是通过自己的逻辑思维推导出语法规则；经过这样的思维过程，学生更容易理解语法规则并将其消化、吸收。

3. 理论联系实际

语言的实际运用赋予语法以意义。因此，在书面的语法结构练习之外，还应将语法运用于实际生活中，给学生提供大量的、丰富的、真实的实际运用场景（例如询问：明天你会做什么；未来你希望从事什么专业），让学生来实践语法知识。

4. 发散思维，开拓思路

这也是本次课程融入课程思政所采用的方法，即在讲解完教材知识内容后，反问学生：教学内容有何意义？为什么采用诗歌来学习语法？除了学习语言知识外，还能获得什么信息？通过这样的思考，拓宽课堂内容（从语法到文学），打开学生的思路，让学生跳出简单的语法和语言，开始思考教学内容本身所蕴含的信息价值、社会价值、文学价值、情感价值等内涵；事实上，任何一个真实语料，其自身从来不是为了语言本身而创造，而是都含有上述价值意义，而了解这些内涵能有效帮助外语专业学生更好地了解外国文化。

5. 利用多种教学手段，丰富课堂教学资料

在教学过程中，采用文本、图片、视频、音频等多种教学手段，丰富课堂教学资料，活跃课堂气氛。

（四）教学过程

1. 教学设计思路

本课程围绕法国著名作家维克多·雨果的悼亡诗《明天，清晨》展开，不局限于语言知识本身，课程分为四部分进行教学：

（1）通过观察、归纳，学习语法知识；

（2）理论联系实践，将语法知识应用于实际；

（3）深入思考，拓展文章的文学价值；

（4）发散思维，对比中文诗歌的文学与情感价值。

2. 教学详细过程

教学详细过程见1表（大部分教学过程使用法语进行）。

表1 教学过程表

雨果诗歌《明天，清晨》		
教学环节	教学内容及手段	设计思路体现
一、语法学习	1）提出问题 ➢ 导言：明确本节课的学习内容（雨果的《明天，清晨》），让学生阅读，并标出动词形式； ➢ 询问学生动词形式是不是直陈式现在时的变位形式	时间：2分钟 通过问题与讨论，引起学生对新的动词形式的注意与思考

续表

雨果诗歌《明天，清晨》		
教学环节	教学内容及手段	设计思路体现
一、语法学习	2）分析问题 ➢ 让学生分组，将动词以词尾形式归类； ➢ 通过归类一起探讨、分析基本的动词变位形式； ➢ 整理、总结特殊的变位形式； ➢ 询问学生：为何诗中的动词采用新的变位形式（提示：是时间或者语气与直陈式现在时不同？） 3）解决问题 ➢ 联系诗歌标题，确定动词变位形式表达的是将来时，提出"简单将来时"； ➢ 总结简单将来时的变位形式； ➢ 总结、补充特殊变位形式	时间：13分钟 通过观察、思考与分析，让学生总结、归纳出新的动词变位规律，充分发挥学生能动性； 采用分组讨论，增进学生间的交流； 时间：15分钟 通过前期的观察、分析与归纳，最后的总结很容易被学生接受与消化，有"水到渠成"之感
二、联系实际	1）书面练习 ➢ 与学生一道做教材中的练习题； ➢ 给学生补充其他书面练习； ➢ 布置习作任务：20年后的我	时间：10分钟 将教材中较枯燥、单一的结构练习转化多种形式，并鼓励学生分组讨论； 作业任务有趣，让学生既可以使用新学知识，又能表达自己的真实想法
	2）口语练习 让学生回答以下实际问题并讨论： ➢ 你明天有什么计划； ➢ 你周末要做什么； ➢ 你暑假有什么安排	时间：10分钟 这一过程帮助学生用法语表达真实情况，主要练习新学习的简单将来时，但同时不拘泥于新知识，应该尽可能鼓励同学们进行口语表达
三、深入挖掘	1）引起思考 ➢ 询问学生：教材里为什么出现这首诗歌； ➢ 除了语法知识，还能从诗歌里学到什么	时间：5分钟 抛出问题，引起学生的思考
	2）文化补充 ➢ 对作者的了解： 维克多·雨果生于1802年，逝世于1885年，是法国著名的浪漫主义文学家，作品数量众多，	时间：10分钟 同样采用问答、讨论形式，调动学生的知识储备，并补充更多信息；

续表

雨果诗歌《明天，清晨》		
教学环节	教学内容及手段	设计思路体现
三、深入挖掘	形式多样，对法国及世界文学影响深刻；代表作有《巴黎圣母院》（1831）、《悲惨世界》（1862）、《海上劳工》（1866）、《笑面人》（1869）、《九三年》（1874）等。雨果所处的19世纪是法国社会发生深刻变革的时期，人民群众、新兴资产阶级、传统贵族、皇室、宗教势力等各方正展开激烈的较量，其作品深受时代影响，形象地刻画了当时的社会风貌与人民状况； ➢ 对诗歌创作背景的了解： 本诗写于1847年，收录在1856年发表的《静观集》（*Les Contemplations*）中。1843年，雨果19岁的女儿Léopoldine与新婚丈夫泛舟时不慎双双落水身亡，成为雨果无法抹去的伤痛。四年后，雨果前往她的墓地去看她，写了这首悼亡诗； ➢ 对诗歌格律、结构的了解： 该诗分为三节，每节4行，每行诗句都有12个音节，这样的诗歌形式称为亚历山大体，或12音节诗。这种诗体结构在法语文学中很常见。另外，诗歌最后一个音节也押韵	该部分其实是本课程的有益补充，是增强学生法国文化、法语文学知识素养的重要环节。这些知识往往可以增进学生对异文化的了解，拓展学生与异文化民众的交流内容，因此非常重要，不应被忽略
	3）文学赏析[①] ➢ 第一节： 第一句点题，出现时间和人物。天刚刚亮，诗人就说他要启程。之后，他忽然说"你瞧，我知道你在等我"。诗人仿佛在和活着的女儿隔空对话，在劝慰对方说自己肯定知道对方在等待自己，自己一定不会失约。"你瞧"，这两个字带着一种极为亲昵的语气，好像真要让女儿看看自己为了不失约出发得有多早，充分表现了诗人与女儿之间的亲密感情。接下来讲路程遥远，翻山越岭，但诗人并不觉艰险，只因为诗人无法忍受长久地离开女儿，哪怕只是看一看女儿的葬身之地。这第一节，语气温柔深情，在诗人的眼里，女儿从未死去，她还在翘首盼望着父亲的到来；	时间：10分钟； 这部分尤其要注意与学生的沟通，时时询问学生是否能理解、能感受，有没有相关的情感经历或其他信息补充

---

① 本部分及下部分对苏轼《江城子》的赏析得到了中华书局编辑喻济的指导，在此感谢。

续表

	雨果诗歌《明天，清晨》
教学环节	教学内容及手段	设计思路体现
三、深入挖掘	➤ 第二节： 　　这一节展现了一个被哀伤淹没的诗人形象——在路上，只是苦思冥想着女儿，任何身外之物都无法触及诗人相思的灵魂。叉臂弯腰，踽踽独行，身体因为哀伤而无法舒展，精神世界如同黑夜，再也看不到白昼下的物象。第一节里，好像在诗人眼里女儿还活着一样，可是第二节对诗人自己的举止、神态、心理的描写，又表明诗人比任何人都更加铭记着女儿去世这件无比令人悲痛的事； ➤ 第三节： 　　本节出现了四个意象：无比美妙的金色彩云，意味悠远的哈佛尔港的孤帆远影，盛开的欧石楠和翠绿的冬青。彩云是自然美景，哈佛尔港停靠的帆船是法国著名的人文景观，而这世上展现出来的一切美好都无法令诗人有所触动，因为诗人心中只有他的至爱。欧石楠是在荒野中开放的花朵，象征着孤独，但也是女儿生前可能最爱的花朵；冬青，在冬天依然保持翠绿，象征永不衰竭的热爱。送给女儿这两束花，充分表达了诗人对女儿深切的爱意及失去女儿的孤独与痛楚。这欧石楠与冬青，又与前文中的"森林"、"山岭"、"白天黑夜"、"彩云"和"孤帆远影"这些宏大的意象形成对比，但诗人不在意那些，只是把情思倾注于欧石楠与冬青上，只因为它们是自己献给女儿的心； 　　诗人漫长的精神黑夜到了这里终于迎来黎明——欧石楠花与冬青叶簇拥着的女儿的容颜；直到最后一句，诗人才点明自己的目的地——女儿的墓地；作者是去看望逝去的亲人，诗歌到此戛然而止，让读者停留在一位老父亲不远万里终于在女儿墓前献上花木的画面上，令人动容	之所以跟学生一起进行详细的文学赏析，首先是因为学生是大学一年级新生，在学习中第一次接触法语诗歌，详细的诗歌解析可以让学生直观感受研读文学作品的方法与乐趣，为未来的学习与阅读铺路；其次是因为学生毕竟年纪较小，通常没有足够的生活体验，一起赏析文学作品能帮助学生深入思考，开拓思路，为未来的生活提供更多的情感体验与借鉴
四、中西结合	1）发散思维 ➤ 询问学生：在中国古典文学中，有哪些有名的悼亡诗；	时间：1分钟 调动学生的知识储备

续表

雨果诗歌《明天，清晨》		
教学环节	教学内容及手段	设计思路体现
四、中西结合	2）中西文学对比赏析 ➢ 选取苏轼有名的《江城子·乙卯正月二十日夜记梦》进行对比赏析； ➢ 诗人与写作背景的比较： 苏轼与雨果一样，人生经历深受当时政坛的影响。苏词写于1075年，比雨果诗早了近800年，是苏政治失意被贬密州之时。苏词哀悼自己的妻子王弗； ➢ 格式与韵律的比较： 苏词属于中国古典诗歌中的格律词，有着严格的格律要求。《江城子》是词牌名，分上下阕，上下阕形式对称。整体上该词字数适中，属于词中的中调。押平声韵，而且押韵的句子间隔很近，读起来朗朗上口、抑扬顿挫，听起来清脆有层次感； ➢ 情感表达的比较： 雨果通过记录自己出发去往女儿墓地的过程，表达对女儿的思念。苏词则通过描写自己的一场梦境来表达对亡妻的思念。梦里苏轼不由自主地回到故乡眉山——他和亡妻早年生活过的地方，也是埋葬亡妻的地方。在梦中，妻子在小屋窗边，梳妆打扮。久已不见的两个爱人此时重逢，心中自有万千思绪，要说的话恐怕如潮水一般汹涌在胸间，可是两人却都说不出口。两人彼此注视，知道已经不用任何言语表达了。彼此知心，胜过千言万语，这让两人黯然落泪。这泪水，有悲伤，有欣慰，有相濡以沫的温情，有彼此相知的慰藉； 苏轼又突发奇想：如果她能复活归来又如何呢？恐怕我们此时相逢，她也将认不出我来了吧，因为我已经是满脸尘埃，两鬓花白了啊。自己现状的可悲可悯使得自己一想到妻子就格外感伤。他是深爱妻子的，让深爱之人看到自己的憔悴面容和困顿现状，这对于苏轼来说恐怕也于心不忍，因为这也会让深爱之人更加悲伤；	时间：10分钟 本部分涉及中国传统文学，应该将教师与学生置于同等高度，一起去感受诗词里的情感。本部分应该更加注重与学生的交流、互动与讨论

续表

雨果诗歌《明天，清晨》		
教学环节	教学内容及手段	设计思路体现
四、中西结合	➢ 诗人形象的对比： 两首诗都描写了诗人形象。雨果"双臂交叉弯腰弓背，无人知晓踽踽独行"，是一个行进中的人物形象，孤独、灰暗，通过周围环境进行充分烘托；苏轼"尘满面，鬓如霜"，是进行了更加细致的描写，聚焦面部和头发，仿佛只这两个细节便记录了全部的岁月与风霜	时间：10分钟 本部分涉及中国传统文学，应该将教师与学生置于同等高度，一起去感受诗词里的情感。本部分应该更加注重与学生的交流、互动与讨论
五、总结回顾	➢ 对本课程的重点难点进行概要总结与回顾； ➢ 交流对诗词感情的理解，鼓励学生多阅读有益的文学作品	时间：4分钟

四、教学效果分析

本课程围绕法国著名作家雨果的悼亡诗《明天，清晨》展开，但不局限于讲解诗篇本身所使用的特殊时态形式。事实上，诗词是一种语言最凝练也最优美的表现形式，通过诗词感受语言和情感的美是最直观、最有效的办法。因此，本课程对该诗进行了深入的赏析，还与中国古典诗词进行对比，让学生在语法课中感受诗人情怀。与学生一起赏析完两首诗词后，学生的眼睛里充满了感动与温暖，相信他们感受到了文学的力量，触摸到了作者的温情，也相信这种力量和温情会陪伴他们，支持他们渡过一个又一个人生的难关。另外，通过对中法两篇佳作的深入探讨，教师和学生之间、学生和学生之间也会加深对彼此的了解，关系也变得更加密切、真挚。这是真正的分享，真正有益的探讨，这样的交流增进了师生、生生的信任，也消融了以往的某些隔阂。这也许才是语言文学类专业的根本教育目标。

附：

明天，清晨

作者：雨果　译者：陈伯祥

明天，天一亮，田野微露曙光时分，
　我就启程。你瞧，我知道你在等我。
我将穿过森林，我将翻山越岭，
　我无法长此远离你的身影。

　我将沉湎于苦思冥想，
我对一切视而不见，对一切听而不闻，
双臂交叉弯腰弓背，无人知晓踽踽独行，
我伤心不已，我觉得白天如同半夜深更。

我不会去远眺傍晚金色的彩云，
我不会去凝望哈佛尔港的孤帆远影，
　　待我到达你的墓前，
我会放上一束盛开的欧石楠和翠绿的冬青。

江城子·乙卯正月二十日夜记梦

苏轼

十年生死两茫茫，不思量，自难忘。千里孤坟，无处话凄凉。纵使相逢应不识，尘满面，鬓如霜。

夜来幽梦忽还乡，小轩窗，正梳妆。相顾无言，惟有泪千行。料得年年肠断处，明月夜，短松冈。

英语学习中的"家国情怀"

潘 速

课程名称：全新版大学英语综合教程
课程性质：☑公共课　　□专业课
课程类别：□理论课　　☑实践课　　□理论实践一体课
课程所属学科及专业：非英语专业国际班
授课对象：大学一年级本科生

一、课程简介

"大学英语综合课程"是首都经济贸易大学一年级本科生的必修课。

大学外语教育是我国高等教育的重要组成部分，对于促进大学生知识、能力和综合素质的协调发展具有重要意义。大学英语作为大学外语教育的最主要内容，是大多数非英语专业学生在本科教育阶段必修的公共基础课程，在人才培养方面具有不可替代的重要作用。

大学英语课程具有工具性和人文性的双重属性。大学英语课程是基础教育阶段英语教学的提升和拓展，主要目的是在高中英语教学的基础上进一步提高学生英语听、说、读、写、译的能力。从人文方面讲，大学英语课程的重要任务之一是进行跨文化教育。学生学习和掌握英语这一交流工具，除了有利于学习、交流先进的科学技术或专业信息之外，还有利于了解国外的社会与文化，增进对不同文化的理解，实现对中外文化异同的辨别、借鉴以及交际能力。

大学英语的教学目标是培养学生的英语应用能力，增强跨文化交际意识和交际能力，同时发展自主学习能力，提高综合文化素养，使学生在学习、生活、社会交往和未来工作中能够有效地使用英语，满足国家、社会、学校和个人发展的需要。

二、课程思政元素发掘

本课程各个章节在授课时可能包含的思政元素如下。

（一）元素1：引导学生正确理解"中国梦"的概念，树立实现伟大梦想的信念

中国梦是中国共产党第十八次全国代表大会召开以来提出的重要指导思想和重要执政理念。习总书记把"中国梦"定义为"实现中华民族伟大复兴，就是中华民族近代以来最伟大梦想"，并且表示这个梦"一定能实现"。"中国梦"的核心目标也可以概括为"两个一百年"的目标，也就是到2021年中国共产党成立100周年和2049年中华人民共和国成立100周年时，逐步并最终实现中华民族的伟大复兴。2017年10月18日，习近平同志在党的十九大报告中指出，实现中华民族伟大复兴是近代以来中华民族最伟大的梦想。中国共产党一经成立，就把实现共产主义作为党的最高理想和最终目标，义无反顾肩负起实现中华民族伟大复兴的历史使命，团结带领人民进行了艰苦卓绝的斗争，谱写了气吞山河的壮丽史诗。习近平指出，实现伟大梦想，必须进行伟大斗争，必须建设伟大工程，必须推进伟大事业。

（二）元素2：弘扬爱国主义精神，深入理解中国人深沉的"家国情怀"

2018年5月2日，习近平主席在北京大学师生座谈会上的讲话中指出，爱国，是人世间最深沉、最持久的情感，是一个人的立德之源、立功之本。孙中山先生说，做人最大的事情，"就是要知道怎么样爱国"。我们常讲，做人要有气节、要有人格。气节也好，人格也好，爱国是第一位的。习主席进一步提出，爱国不能停留在口号上，而是要把自己的理想同祖国的前途、把自己的人生同民族的命运紧密联系在一起，扎根人民，奉献国家。我们是中华儿女，要了解中华民族历史，秉承中华文化基因，有民族自豪感和文化自信心。要时时想到国家，处处想到人民，做到"利于国者爱之，害于国者恶之"。

（三）元素3：做有全球视野的中国人

习近平同志在党的十九大报告中指出，中国特色社会主义进入新时代，在中

华人民共和国发展史上、中华民族发展史上具有重大意义，在世界社会主义发展史上、人类社会发展史上也具有重大意义。因此，从全球视野出发来认识和把握新时代中国特色社会主义，尤其是其重要意义、待解问题和所供方案，既有重大理论价值，也有重大实践价值。

进入 21 世纪以来，人类社会全球化进程急剧加快，迫切需要重建一种整体的视野来认识不断演变中的全球历史。曾几何时，以美国为首的资本主义国家阵营陶醉在西方式"自由""民主"的意识形态欢愉中，"历史终结论"应时而出，错误地宣告美国模式的"自由民主制"已成为人类的"普世价值"和唯一制度选择。但 2008 年由美国蔓延开来的国际金融危机和 2020 年的新冠肺炎疫情，宣告了"历史终结论"的终结。看似耀眼的"美国梦"如泡沫般一触即碎。

三、教案设计

（一）教学目标

1. 知识目标

（1）通过本章节课程的学习，透彻理解课文的语义知识和语言知识；

（2）熟练使用课文中的重要单词和习语表达，并能运用所学词汇讨论 the pursuit of dreams（对梦想的追求）；

（3）了解成功的追梦人的故事和使梦想成真的要素；

（4）理解中国梦和美国梦的核心和差异。

2. 能力目标

通过知识点的学习和阅读材料的扩充，充分理解坚守梦想的重要意义，并能在以梦想为主题的听、说、读、写、译五个方面的练习中提升英语的应用能力。

3. 价值目标

（1）培养不忘初心、坚守梦想的品质；

（2）在对中国梦和美国梦的探讨中，深入体会美国梦的"虚无"和中国梦的伟大，培养学生的历史使命感和责任感；

（3）树立爱国主义价值观，培养深沉的家国情怀；

（4）培养有全球视野的中国人。

（二）教学内容

（1）熟读课文 Deaf DJ（《耳聋的打碟师》），掌握课文中的新单词及习语表达。

（2）补充阅读《从"美国梦"到中国梦》，探讨确立梦想的重要意义、追求梦想所需付出的努力、"美国梦"和中国梦的差异等主题。

（3）练习英语构词法里面的词性转换法，及句型结构 how about...？ why not...？

（4）探讨自己梦想中的工作，以及实现此梦想的方法，并以此为题完成英文写作练习。

（三）教学手段和方法

本课程的教学内容组织以实践性教学为主，以教师为主导，以学生为主体。这种教学模式既有利于教师组织教学，也有利于学生在教师指导下主动地、创造性地、个性化地学习。基于教材的特点，主要采用任务型教学法、输出驱动型教学法等教学理念，同时结合数字化、网络化等新媒体教学手段，实践了符合中国教师教学和学生学习习惯的"基于主题的输入（听/读）到输出（说/写）综合训练"的教学方式。

（四）教学过程

根据《大学英语教学指南》中提出的大学英语教学基础目标和提高目标，注重教师讲解和学生参与相结合，输入与输出相结合，课文阅读理解和语言知识操练相结合，并兼顾听、说、读、写、译技能培养。同时，传统教学课堂与翻转课堂教学相结合，线上学习与线下学习相结合，以期实现非英语专业学生英语能力的全面提高。教学过程安排如表1所示。

表1 教学过程表

教学意图	教学内容和手段	环节设计
开篇导入：引入概念 提出问题	一、介绍主题：The Pursuit of Dreams 学生自由组合分组（4~5人），讨论话题： 1. 我的梦想； 2. 追求梦想需要什么样的品质 二、引导学生扫描课文中的二维码，阅读"中国航天之父""导弹之父"钱学森和美国苹果公司创始人乔布斯的资料	时间：10分钟 用头脑风暴的方式引入主题，让学生畅所欲言自己曾经的梦想、现在的梦想，带入主题；

续表

教学意图	教学内容和手段	环节设计
	三、就讨论和阅读的内容，请1~2个小组向全班做汇报	通过阅读伟人、名人的追梦故事，深入探讨梦想的作用，以及坚持不懈追求梦想的意义
本章节课程的总体框架结构	1. 阅读主体课文 Deaf DJ，掌握重点单词、习语表达及语篇结构； 2. 练习主课文中的重点词汇、句型结构和构词法； 3. 阅读辅助课文 From the "American Dream" to a Chinese Dream，探讨中国梦和美国梦的核心差异； 4. 完成与主体课文相关的听力练习； 5. 组织班级分组，设计电视访谈节目，受访者为主体课文和辅助课文中的主人公。以此发挥学生们的创新精神，灵活应用学过的内容，同时也可展示自己的想法和观点； 6. 分小组完成主题展示：《我的中国梦》； 7. 按四级写作要求完成写作练习，主题为 My Dream Job	时间：2分钟 使学生总体了解本章节学习的主要内容、相关环节和任务
核心内容教学重点（1）	介绍主体课文：《耳聋的打碟师》，一个普通人追求一个近乎于不可能实现的梦想的故事： 1. 阅读课文之前，帮助学生熟悉和学习单词栏里的新单词，通过大声朗读课文、段落，发现学生发音、读写有困难的单词； 2. 引领学生从语篇角度研读课文，包括时间脉络和记叙文写作的要素：背景、冲突、故事发展主线和结尾； 3. 在阅读文章过程中带领学生做翻译练习，比较自己的翻译文本和主体课文的差异，探讨翻译技巧	时间：2节课 引领学生读懂课文，学习新单词，掌握新的语篇知识，同时练习翻译技巧
课堂讨论和知识应用	围绕主体课文进行讨论和知识点的练习： 1. 分小组完成课文篇章结构分析的练习，深入理解课文； 2. 完成核心字词练习； 3. 讨论构词法的词性转换法； 4. 完成句型结构练习	时间：1节课 通过讨论和习题的练习，更好地掌握课文和重要的知识点
核心内容教学重点（2）	介绍辅助阅读课文《从"美国梦"到中国梦》： 1. 阅读课文之前，通过视频、音频及阅读材料介绍"美国梦"的概念及其核心内涵；	时间：1节课 通过阅读、听、说材料的学习和讨论，引导学生

续表

教学意图	教学内容和手段	环节设计
核心内容 教学重点 （2）	2.结合辅助材料介绍20世纪90年代的"出国热"，帮助学生理解"美国梦"对国人的影响； 3.通过PPT的展示和视频材料介绍中国梦的提出及其核心内涵； 4.基于以上的介绍和学生自己的理解，分小组讨论"美国梦"和中国梦的异同	从小我的理想展望大我的理想，作为新时代的中国人，与祖国同呼吸共命运是我们矢志不渝的追求
课堂讨论 知识应用	← Speaking TV interview Scenario: Suppose a TV presenter is hosting a show on the American dream and the Chinese dream. She is interviewing Robbie Wilde, Gac Filipaj, and Yu Minhong via video conferencing (视频会议). Roles: TV presenter Robbie Wilde Gac Filipaj Yu Minhong 设置情景再现和表演环节： 1.学生自由分组，课前进行准备和讨论，完成模拟电视访谈节目。节目的参与角色分别为：节目主持人，追求自己梦想的打碟师，放弃"美国梦"、追求中国梦的俞敏洪； 2.通过主持人的访谈，展示学生对阅读过的主体课文和辅助课文中主人公的理解。通过学生自由的表达，练习本单元学习过的语言知识，同时阐述自己以梦想主题的观点	时间：30分钟 通过小组分组任务，培养学生的团队意识和合作精神。同时，自由表演环节既具有趣味性，又能综合展示学生的英语应用技能
核心内容 教学重点 （3）	通过综合技能练习，讨论为实现梦想所付出的努力和坚守梦想所必须具备的品质： 1.回顾主体课文，组织学生复述聋人打碟师在实现梦想的路上所经历的困难； 2.观看聋人打碟师的视频访谈，完成相关的听力理解练习； 3.分组完成讨论：为了实现梦想，我们该付出什么样的努力； 4.从国家层面思考：中国梦的实现需要每一个中国人付出什么样的努力	时间：30分钟 通过对所学课文的另一角度的分析和思考，培养学生坚守梦想的意志品质和家国情怀

续表

教学意图	教学内容和手段	环节设计
课后作业与成果展示	发布任务，引导学生完成本章学习成果展示： 1. 学生自由分组，3~4人一组。围绕"我的梦想"和"我的中国梦"，自由确定题目，完成主题展示； 2. 每组展示时间为15~20分钟。以PPT为展示手段，自选展示方式，如陈述讲解式、辩论式、表演式等； 3. 根据小组展示成果给出评分，做出评价，提出更改建议	时间：1节课 通过学生的成果展示，为本单元的学习和讨论做总结
课程总结内容回顾	对本章节的主要内容，尤其是教学的重点、要点进行概要式的总结和回顾，包括主体课文的重要语言点，关于梦想的核心主题，中国梦和"美国梦"的拓展讨论等	时间：5分钟 结合板书与PPT，对本章节重点进行总结，加深学生的印象
课后作业知识巩固	布置英文写作作业： 按照大学英语四级写作的要求，完成一篇题为 My Dream Job 的作文。	时间：1分钟 通过写作练习，检验学生对本章节语言点的掌握和对梦想这一主题的理解

四、教学效果分析

本章节的教学内容和课程设计符合大学非英语专业本科一年级学生的英语知识水平和认知规律。本课程借助讲授式、讨论式、分组展示式、任务完成式等多种教学手段营造出活跃的教学氛围，有效地激发学生的学习热情、学习兴趣和思考能力，有助于学生很好地掌握语言知识要点，强化对主题的深入思考，并最终通过完成任务来检验学生的英语综合应用能力。

本章节始终贯穿着实现中国梦的激情和深沉的家国情怀。新时代的大学生应该义无反顾地肩负起实现中华民族伟大复兴的历史使命，坚韧不拔地为其奋斗终生。梦想与理想是前进的动力。本章节通过相关的价值观环节的融入，帮助学生确立自己的梦想与理想，引领学生把自己的理想同祖国的前途、把自己的人生同民族的命运紧密联系在一起，扎根人民，奉献国家。同时，引导学生做有大视野的中国人，从全球视野出发来认识和把握新时代中国特色社会主义，尤其是其重要意义、待解问题和奋斗方案，为实现中国梦贡献自己的一份力量。

The Pursuit of Dreams

张东芹

课程名称： 大学英语
课程性质： ☑公共课　　□专业课
课程类别： □理论课　　□实践课　　☑理论实践一体课
课程所属学科及专业： 大学英语公共必修课
授课对象： 大一非英语专业学生

一、课程简介

大学英语面向全校低年级非英语专业学生，是以英语语言知识与应用技能、学习策略和跨文化交际为主要教学内容，以外语语言学和教学理论为指导，并集多种教学模式和教学手段于一体的教学体系，具有课时多、周期长、受众面广等特点，同时具有工具性和人文性特质。本课程既注重打好语言基础，又重视应用能力的培养，旨在全面提高学生的英语综合运用能力，即听、说、读、写、译，使他们在今后工作和社会交往中能用英语有效地进行口头和书面信息交流，同时增强其自主学习能力，为今后进一步提高英语的交际能力打下基础，提高其综合文化素养，以适应我国社会发展和国际交流的需要。

本案例授课内容出自《全新版大学进阶英语综合教程1》中的 Unit 1 *The Pursuit of Dreams*，课文主题是追逐梦想，讲述了一个耳聋的美国人通过自己的努力实现自己做打碟师的梦想的励志故事。本课教学除了讲授知识点以外，还深入挖掘课文中富有人文内涵和思政教育的语言内容，以此为"附着点"引出有关中国梦和中国追梦人的故事，引领学生树立正确的价值观念，丰富大学英语课程内涵，实现大学英语课程思政的知识目标、能力目标和情感目标。

二、课程思政元素发掘

本课程各个章节在授课时可能包含以下思政元素。

元素1:从个体角度谈"奋斗是青春最亮丽的底色",引导青年学子树立正确的人生观,贯彻习近平总书记的教导:"青年一代有理想、有本领、有担当,国家就有前途,民族就有希望。"

元素2:由个人的逐梦上升到国家层面,探讨中国梦的概念和内涵,并和美国梦做对比,引导学生找出中国梦和美国梦的本质区别——中国梦是人民的梦,由此增强民族自信心和自豪感。

元素3:结合当下在青年学生中流行的视频短片《加油,打工人!》,让学生了解大时代的小生活,大事业背后的普通人。改革开放初期,打工人远离家乡,白手起家,成为中国经济发展的主力军。今天,打工人们在疫情打击后的经济环境下努力奋斗,共克时艰。他们偶尔自嘲,但却又"丧"又"燃",从未停止脚踏实地的奋斗,不但在为自己的生活,也为了国家的经济复苏不断努力着。"打工人"也是"追梦人"(dream chasers)。

三、教案设计

(一)教学目标

知识目标:使学生熟练掌握课文重点词汇和句型,了解记叙文基础知识。

能力目标:使学生能够感悟课文故事的内涵,能够主动思考并形成自己的观点,能够熟练表达自己的梦想和追求,进一步落实到英语的听、说、读、写、译上。

情感目标:将中国梦、追梦人的内涵融入课堂教学,使学生了解中国梦和美国梦的区别,培育家国情怀,增强民族自信心和自豪感。

(二)教学内容

教学重点:语言知识学习;让学生掌握与文本进行深入对话的方法,感受人文情怀,把对课文故事情节的感悟与现实生活相结合。

教学难点:深入挖掘课程中富有人文内涵的语言内容,找准"课程思政"的

"附着点",实现语言教学与思政目标的无缝对接。

（三）教学手段与方法

1. 思政内容紧扣教学主线

首先以对话方式（故事复述、角色扮演），努力为每个学生的主动参与提供广泛的可能性，鼓励学生说出自己对文章的感受，认识到奋斗才是青春最亮丽的底色，引导青年学子树立正确的人生观。

2. 在课堂活动的问题设置上进行价值观的引导

对整篇文章进行赏析，重点仍旧是语言的学习和阅读能力的提高，但是教师不仅要讲授、指导，更要学会倾听，以提问为主，把注意力主要放在学生身上，并及时做出合适的应答，扮演好信息的"重组者"的角色。教师在提问、讨论、互动中，逐渐引导学生思考的方向，让学生切实感受家国情怀，并树立正确的人生观、世界观和价值观。

3. 紧扣课文知识点和主题，精心选择听、说、读、写、译的学习拓展材料

在总结全文的学习内容之后进行相关知识拓展，结合当下在青年学生中流行的视频短片《加油，打工人！》，让学生了解大时代的小生活，大事业背后的普通人，引导学生在对国家现实的关注中，把爱国情、强国志、报国行自觉融入实现中华民族伟大复兴的奋斗之中；最后，在作业环节，写作主题应当融入"中国梦是人民的梦"的思考。由此，课堂教学既完整展现课文知识，涵盖英语学习的听说读写译五个方面，又潜移默化地将思政元素融入其中，教学内容清晰，体系完整。

（四）教学过程

本课时将英语的听说读写译融入教学中，共包含以下四个部分。

1. 课程导入（Mind Links & Opener）

观看讲述中国古今身残志坚的楷模的视频，引出追逐梦想的主题，鼓励学生讲述自己的逐梦故事，引导学生得出"奋斗是青春最亮丽的底色"的结论。（口语训练）

Discussion：

（1）Who impresses you most? Why do these handicapped people insist on chasing their dreams?

(2) What valuable qualities do they possess?

(3) As an able-bodied young person, what can you learn from them?

Conclusion：

(1) Hard work paints a bright backdrop for a new young life.

(2) My advice to you is to let [your kids] chase their dreams.

2. 语言学习（Language Focus）

以追逐梦想的主题，引出教材中相关的重点词汇和句型。以习近平总书记在党的十九大上的讲话和政府工作报告中的句子为例，对词汇和句型进行讲解。（语言点学习）

1. Key vocabulary：pursuit, dream, insurance, challenge, creativity, fulfill…

2. Sentence pattern：

i. What-clause + predicate…

ii. Sentence + doing…

3. Paraphrase and comment：Sentences from the text.

3. 聚焦文化（Culture Focus）

结合课文情节引出中国梦和追梦人话题，包括以下三个方面：

（1）中国梦的概念和内涵（以听力练习形式给出，边听音频边填词）。（听力练习）

（2）中国梦和美国梦的区别。

（3）以《加油，打工人！》视频短片为切入点，探讨中国梦的追梦人。带领学生用英语对视频短片进行介绍，翻译经典台词，在翻译练习中巩固词汇和句型。（翻译练习）

Critical thinking：What makes successful dream chaser?

（1）Which kind of person could be a successful dream chaser?

（2）What will you do if you want to be a successful dream chaser?

4. 作业（Assignment）

以《我眼中的追梦人》（*My View on Dream Chasers*）为题进行写作练习，希望每个学生都能奋进新时代，争做追梦人。（写作练习）

四、教学效果分析

大学英语课程兼具工具性和教育性双重属性，本身就是课程思政较为理想的载体。*The Pursuit of Dreams* 这一单元主要通过对语形、语义、语用的学习，培养学生的英语综合能力，同时注重培育实效，进一步提升学生人文素养与批判性思维能力，就本单元关键词 the pursuit of dreams、dream chasers 等通过主题思考、学习和拓展思辨，将本单元学习与社会主义核心价值观相关联，深刻体会"追逐梦想"的故事内涵，在命运与成就的故事感染中产生中国文化自信心，并在中西方不同文化背景下，辩证地看待本单元"追逐梦想"的主题。最终目的在于引导学生树立把个人、国家和社会的价值要求融为一体的自觉意识，培养其成为中华民族伟大复兴的追梦者与筑梦者，使其将"追逐梦想"内化为精神，外化为行动。

从教育者角度来看，大学英语课程思政教学要求教师以身作则，做好言传身教，同时精心选取合适素材以丰富教学内容，拓展大学英语课程在知识、思想和技能上的功能，做到既提升了教师的责任感，又解决了英语教材内容和中国国情现状脱节的问题；从受教育者的角度来看，大学英语教材多是"原汁原味"的英美国家文章，涉及西方历史、文化和意识形态等各个方面，课程思政融入其中，能够正确引导青年学子以批判的眼光学习西方文化，同时培养青年学子对民族文化的自信。

价值引领下核心素养的培育路径

郝 莉

课程名称： 综合英语（Ⅳ）
课程性质： □公共课　　☑专业课
课程类别： ☑理论课　　□实践课　　□理论实践一体课
课程所属学科及专业： 英语语言文学
授课对象： 商务英语专业二年级学生

一、课程简介

　　综合英语（Ⅳ）是商务英语专业二年级第二学期的学科基础必修课程，教材选用普通高等教育"十一五"国家级规划教材《现代大学英语精读》的第四册。其基本教学目标在于培养学生英语的实用技能，进一步巩固学生的英语基本功，全面提高学生对语言的综合运用能力，为后续高年级专业课程打好扎实的基础。

　　作为一门综合性课程，综合英语课程具有学习跨度大、课时较多、覆盖面广等特征，其课程内容涉及教育、文学、政治、哲学、艺术、社会问题等议题。传统英语专业教学较为重视学生的听、说、读、写、译等技能的培养，而人文素养、思辨能力等综合性能力重视程度不足。综合英语课程天然的人文性与思政教育的多项目标高度契合，因此具有很强的思政教育优势。将思政教育元素融入综合英语的教学当中，让学生在提高专业能力的同时围绕立德树人这个目标进行学习，使学生在学完本课程后，能够拥有良好人文素养、思辨能力，兼具中国情怀和国际视野，成长为国家社会发展和对外交流合作所需要的国际化复合人才。

二、课程思政元素发掘

课程思政是近几年来高等教育教学改革的一个热点,其核心是立德树人,是将思政内容与专业课程内容有机结合、融会贯通,以达到润物细无声的效果。显然,注重人才的全面培养,突出价值塑造,提高培养人才的能力已经成为新时代高校的责任和使命。

结合当前课程思政的理念,我们首先应对教学目标进行调整,深入挖掘课程具有的育人元素以及思政结合点,在培养语言能力的基础上,改进课堂的教学设计,将学科知识、能力培养和价值引领充分有机结合。具体来说,在综合英语的课堂教学实践中,思政元素主要体现在两个方面,即培养学生的思维能力和提高学生的职业胜任能力。其中,思维能力主要包括批判性思维能力和系统性思维能力,职业胜任能力则包括解决实际问题的能力、社会责任感和团队合作精神。

(一)思维能力

课程思政教育的核心在于价值观的培养,而思维能力是形成正确的价值观的基础。在人工智能高度发展的今天,思维能力的培养尤显重要。大学教育曾经的主要目标是为社会输送专业技术人才,但随着机器人与人工智能的发展,某些专业领域机器已经或正在逐步取代人工。为了防止被自动化取代,成为社会真正需要的高素质人才,大学生需要重视培养机器所不具有的批判性思维能力和系统性思维能力。

1. 批判性思维能力

批判性思维能力是对观点进行深入分析,然后有效地运用它们的能力。要培养批判性思维能力,教师首先应以逻辑学的知识为基础,帮助学生对观点进行深入分析。在第三册教学中,教师指导学生学习分辨事实与观点,了解逻辑谬误,掌握了逻辑思维的基础知识,而在第四册教学中,教师应进一步帮助学生了解具体的批判性思维理念,分析批判性思维的本质。比如,第一课《思考作为一种习惯》(*Thinking as a Hobby*)便对思考的意义与本质进行了深刻反思。教师可以指导学生了解作者提出的思考的三个等级,分析作者为何对第三与第二等级的思考者有较为具体的定义与描写,而对第一等级的思考的描写却抽象而晦涩。引导学生针对第一等级的思考提出自己的观点,并帮助学生了解思考作为一种习惯对于每个人生活与工作的重要性。第三课《毫无根据的观点》（*Groundless Beliefs*）则更加专注于批判性思维的核心问题，具体而深入地对观点的可靠性进行了分析。教师可指导学生分析作者提出的"形成无根据的观点的五大原因"，讨论应对此类观点的策略，鼓励学生在日常生活中发现无根据的观点，进行独立思考。在分析和比较的过程中，学生的批判性思维能力可以得到充分锻炼。

2. 系统性思维能力

系统性思维能力是指跳出特定领域的思考价值，综合运用不同领域的知识从不同角度分析问题。在分析问题时，应充分认识问题的复杂性，将其看作由相互联系的主题组成的问题，同时注意细节和全局，锻炼我们对多重想法的把握能力。比如，在第十五单元《给美国犹太人的一封信》(*A Letter to American Jews*)一文中，作者对以色列与巴勒斯坦之间的武装冲突进行了分析，并站在一个爱好和平的犹太人的立场，对以色列某些政治家所持有的种族主义思想进行了深刻的批判。要了解以色列与巴勒斯坦之间的关系，首先应该从数千年来犹太人与阿拉伯世界的关系入手，帮助学生了解冲突的历史渊源，分析冲突中各方（包括欧洲与美国）的立场，从不同角度理解各方的利益与诉求，在此前提下思考和平与发展的可能性，形成自己的观点，并提出切实可行的问题解决方案。这个思考与总结的过程便是对系统性思维能力的锻炼过程。

（二）职业胜任能力

国家和社会健康发展离不开具有高度职业胜任能力的优秀人才，因此在专业教学中，教师应有意识地引导学生应用所学的专业知识，分析并尝试解决社会问题，培养学生的职业胜任能力，包括解决实际问题的能力、社会责任感和团队合作精神。

1. 解决实际问题的能力

在课文讲解的过程中，教师应根据课文的相关议题，努力创设相关情境，鼓励学生运用所学知识解决实际问题。第五单元"因为缺水"（For Want of a Drink）关注的是水资源逐渐枯竭的社会问题。文章对全世界的水资源分布进行了宏观介绍，并指出水资源的浪费所带来的严重后果。教师可从文章内容出发，引导学生进一步全面分析水资源危机的原因，并且从各个层面分析应对的策略，尤其是在个人层面需要做出的努力。在分析与讨论的过程中，使学生关注社会问题，提高解决实际问题的能力。

2. 社会责任感

培养大学生的社会责任感是建设社会主义和谐社会的基础，更是践行社会主义核心价值观的体现。传统大学教育普遍重视知识传授与技能训练，以为学生从事某方向的职业而做准备；然而，许多学生对于社会现状与社会问题的关注与认识严重不足，缺乏应有的社会责任感与奉献精神。这就要求教师在授课的过程中，结合课文内容联系社会实际，引导学生关注社会，对社会中的问题进行深入思考，将自我价值的实现与肩负的社会责任使命结合起来，以服务社会改善社会为己任，真正成长为社会所需要的高素质人才。另外，教材中大多数课文都在某个方面涉及当今社会的现状与问题，如第四课"狮子与老虎与熊"关注城市中的生态保护问题，第五课"因为缺水"关注水资源危机问题，第十一课"战士的心"关注战争造成的心理创伤问题，第十五课"给美国犹太人的一封信"则关注种族歧视与冲突的问题。通过讨论与分析这些问题，培养学生的忧患意识，引导学生关注、了解社会，建立起关爱他人、奉献社会的自信心与责任感。

3. 团队合作精神

团队合作精神是学生进入社会从事专业性工作必需的素质。在教学过程中，团队合作精神主要通过小组合作学习的方式进行培养，使学生在合作中积极参与，从而培养相互理解和沟通的能力。首先，教师应设置若干与教学内容相关的议题，然后结合学生的不同兴趣与特点，采取教师指导与学生自愿组合的方式，将学生分成相应的合作学习小组。各合作小组针对议题查阅相关资料并进行讨论，充分交流之后对核心观点与论据进行提炼总结，撰写合作学习提纲与结论，并在课堂上进行展示。教师根据小组的展示汇报，对理解不够充分的问题进行补充，并对合作学习的情况作出评价，以增强学生进一步合作学习的信心。

三、教案设计

为了进一步阐述课程思政目标在综合英语（Ⅳ）中的实践路径，下面以第二单元"春播"（Spring Sowing）为例，详细分述具体的教学步骤和内容。

（一）教学目标

在课程思政理念的引领下，本课的教学目标为：在语法词汇学习与内容理解的基础上，有机融入批判性思维能力和系统性思维能力的内容，提升学生的综合素养，使学生拥有更强的思维灵活性和思维创造力。紧密结合社会实践，增强学生的社会责任感，培养学生解决实际问题的能力和团队合作精神。

（二）教学内容

本文是一篇自然主义文学的短篇小说作品。故事讲述了在一百多年前仍是传统农业社会的爱尔兰的乡下，一对年轻的新婚夫妇在共同生活的第一个春天播种的经历。故事并没有大起大落的戏剧性情节，而是聚焦于生活中微小的细节，运用现实主义的写作手法深刻描绘了普通农民的日常生活，刻画出性格迥异的男女主人公形象，表达了社会与自然环境对人的巨大影响力与性格塑造力。通过课文的学习，学生一方面应重视语言基本功的培养，掌握相关核心词汇与短语，理解文章句子与段落内容，了解文章结构及内在逻辑关系，掌握文章写作特点；另一方面，应深入挖掘文章的内涵，扩展相关历史文化知识，思考相关社会与价值问题。

（三）教学手段与方法

教师在教学过程中主要采用体验式教学的方法，以学生为主体，将课堂与真实世界紧密相连，让整个世界成为潜在的学习空间；学习主要基于不同的项目和主题展开，鼓励学生充分发挥主观能动性，在主题的参与过程中呈现出自己的个性，并依据自身经验对所学知识进行创新型的拓展与应用。在教学过程中，通过提问与小组讨论启发学生对相关问题进行深入思考。采用小组合作学习模式，培养学生的团队合作精神。教师应当注重对学习过程而不是结果进行考察，通过对学生在实践中的参与程度及体现出的批判性思维能力和系统性思维能力进行评价与反馈，促进学生的综合认知能力发展。为了使教学内容更加生动有趣，达到预期的教学效果，教学中采用多媒体教学手段，如PPT、图片、视频等。

（四）教学过程

本节课教学的整体过程分为课前准备、课堂展示与讨论、课后总结三个部分。在课前准备阶段，学生需分小组确定研究对象，搜集相关资料，制作PPT，并观看相关英文TED演讲。在课堂上,学生需对研究课题进行展示,了解相关背景知识,并对课文相关议题进行多层次讨论。课后进行总结与写作,强化对讨论内容的理解。在教学过程中,培养学生的思维能力、职业胜任能力的思政目标应当有机融入各项教学活动中,以润物细无声的形式塑造学生的正确人生观与世界观。具体教学步骤如下:

1. 关于爱尔兰历史与文化的讨论

本文故事的发生背景是爱尔兰。在课前准备阶段,教师首先询问学生对爱尔兰这个国家有哪些了解。学生普遍对爱尔兰知之甚少,仅对其大概的地理位置与重要的几位作家有所了解。经过讨论,确定出爱尔兰早期历史、爱尔兰独立战争、爱尔兰地理环境、爱尔兰大饥荒、爱尔兰文学特征等几大主题,要求学生分组针对相关主题在网络上搜索相关信息,对相关文字、图片及视频进行充分讨论,然后进行整合提炼,制作成完整的 PPT,并在课堂进行 3 分钟左右的展示。本环节主要考察学生对信息的整合能力,并且通过小组合作学习,培养学生的团队合作精神。本环节整体大约需要 15 分钟。

2. 深入了解爱尔兰大饥荒与当代全球粮食危机

在上一环节针对爱尔兰历史与文化讨论的基础上,聚焦于爱尔兰大饥荒这一重要事件,了解本文故事中涉及的土豆种植对于爱尔兰农业的重大意义,以及爱尔兰土豆大饥荒对爱尔兰社会造成的严重负面影响,分析爱尔兰大饥荒背后的成因和对当代农业的借鉴意义。针对当代的粮食危机问题,要求学生课前观看 TED 演讲《全球粮食危机可能在十年内就会到来》(*A Global Food Crisis May be Less than a Decade Away*),在课堂中进行进一步讨论。TED 演讲是近年来越来越引起国内英语教学者兴趣并频繁引入英语课堂教学的绝佳素材,因其短小精悍,关注科技、社会等前沿问题,论点新颖且有深度,具有很强的说服力和启发性。演讲者首先提出全球粮食危机将在十年内来临,此观点基于构建的模型与海量的数据而得出。演讲者对四十年前的粮食进出口与今日的进出口进行比较,总结了几十年来粮食生产与消费的增长变化,对粮食短缺的现状进行了宏观分析。在此基础上,演讲者提出有效的解决方案。除了改变消费习惯和减少浪费,演讲者认为更重要的是要从变革开始,对非洲和印度的农业进行改革,将其商业化。教师首先与学生总结文中的主要观点,然后与学生讨论演讲者提出的粮食危机问题解决方案的可行性,鼓励学生提出不同观点,并为自己的观点寻找可靠的有说服力的论据,让学生在不同观点的辩论之中培养批判性思维能力。本环节大约需要 10 分钟。

3. 讨论人与自然的关系

本文属于 19 世纪末 20 世纪初兴起的自然主义文学的范畴。教师应向学生介绍自然主义文学的整体特点及其在文中的体现。自然主义文学脱胎于现实主义文学，深受达尔文主义的影响，运用现实主义写作的细节描写手法，主要展现自然与社会环境对人的限制与影响，并尤其关注生活中黑暗残酷的一面（如贫困、种族歧视、暴力、偏见、疾病与腐败等）。自然主义文学的历史背景是传统的农业社会，其体现的人与自然的关系和当代社会人与自然的关系有着本质的区别。而当代盛行的自然写作（Nature Writing）文学流派也与自然主义文学专注于自然对人的控制及人对自然的抵抗的冲突性主题迥异，会更多地探讨当代社会人与自然和谐共生的发展可能。教学应与当代实际紧密结合，引导学生对传统农业社会、工业社会及当代的信息社会中人与自然关系的发展变化进行总结，并通过文学作品或社会事件阐述相关观点，如新冠肺炎疫情引发的对人与自然关系的考验，对相关问题进行更深层次的思考，探索人与自然和谐相处的深度解决方法，从而提高学生结合时事分析问题的系统性思维能力。本环节大约需要 8 分钟。

4. 讨论课文中体现的价值观

在传统农业社会的背景下，本文较为集中地体现了一些传统的价值观，如努力工作、勤俭节约、自力更生、家庭责任感、简单而朴实的生活等。这些价值观在商业尚不发达、强调自给自足的农业社会是非常实用且有效的，尤其在主要依靠人力耕作的社会，工作和家务占据了人们生活的主要时间和精力，人们情感和精神方面的需求不得不处于压抑的状态，就像文中对女主人公的描写那样。而在高度工业化、商业化和信息化的今天，人们的价值观也发生了巨大变化。在本课的教学中，引导学生从社会现状出发，总结今日社会更加重视的价值观与能力，如想象力与创造力、团队合作精神等。传统与现代的对比，使学生更加深刻地理解当代社会对人才的能力需求，提高学生的职业胜任能力。本环节大约需要 8 分钟。

5. 探讨文中体现的性别关系

在本文中，作者运用现实主义的写作手法，真实而细腻地描写了男女主人公所体现的性别关系。教师可以引导学生对此进行分析，并且与同时期其他作品以及当代作品中的性别关系进行对比，更好地理解不同时期性别关系的发展与变化。首先，在本文中，作为故事的主要人物，男女主人公分别代表了传统农业社会中的性别角色。以男主人公为代表的农夫性格粗犷，不善言辞，即使有情感丰富的一面也刻意隐藏，注重实际和当下的工作，总是努力表现自己强壮、勤劳的一面，展示自己作为一家之主的责任与担当。而以女主人公为代表的农妇则情感更加细腻，对生活有更多的期望，但又不得不面对繁重的农业劳作与家务，不断地在理想与现实的反差中痛苦徘徊。其次，第三册中所学的同时期发表的现代主义文学作品《莳萝泡菜》，也样也聚焦于男女主人公的性别关系，可引导学生将两者进行比较分析。与本文不同，《莳萝泡菜》更多地关注人物的内心活动与变化，淡化环境对人的影响，突出表现了都市中产阶级女性的自我意识与自主性。最后，学生可以针对当代的性别角色与关系提出自己的看法与观点，总结社会的发展与进步，分析现阶段仍然存在的问题，为进一步促进性别关系的和谐发展提出可行的建议，培养学生的系统性思维能力与解决实际问题的能力。本环节大约需要 8 分钟。

课后要求学生总结并整理自己的观点，写成两百字左右的演讲词，并在随后的课堂中进行选择性展示。

四、教学效果分析

通过以上教学设计与方法手段的运用，教师得以将思政元素有机融入英语教学中，由浅入深，层层深入，达到良好的效果。通过分组项目式学习的模式，学生成为真正的学习主体，师生之间的互动增多，学生的学习体验增强，综合实践能力得到提升。在思维层面，通过探讨爱尔兰大饥荒等社会问题、人类与自然的关系、传统价值观以及性别关系，引导学生总结并阐述自己的观点，达到培养批判性思维能力的目的。在实践方面，紧密联系实际，结合 TED 演讲探讨当今社会面临的粮食危机问题，结合新冠肺炎疫情对时事进行分析，对传统与当代的价值观与性别关系进行比较与分析，使学生深刻意识到时代的进步与发展方向，培养系统性思维能力，提升社会责任感，提高解决实际问题的能力。大量的英文材料、图片、视频等丰富了课程内容，增加了教学内容的趣味性、广度与深度，亦增强了学习效果。

Friendship

刘燕梅　白云红

课程名称：大学英语
课程性质：☑公共课　　□专业课
课程类别：□理论课　　□实践课　　☑理论实践一体课
课程所属学科及专业：外国语言文学（英语语言文学）
授课对象：大学一年级学生

一、课程简介

大学英语课是首都经济贸易大学非英语专业学生在本科阶段必修的公共基础课，在本校的人才培养中占有重要地位。大学公共英语课主要分为两个阶段：大学一年级和大学二年级。本课程作为大一第二学期的教学内容，主要侧重"基础教育阶段英语教学的提升和拓展，主要目的是在高中英语教学的基础上进一步提高学生英语的听、说、读、写、译等语言综合应用能力"（大学英语教学指南2020版）。本课程为每周四课时。

习近平总书记提出，"引导学生增强中国特色社会主义道路自信、理论自信、制度自信、文化自信，厚植爱国主义情怀，把爱国情、强国志、报国行自觉融入坚持和发展中国特色社会主义、建设社会主义现代化强国、实现中华民族伟大复兴的奋斗之中"，为了贯彻上述理念，在大学英语教学中要把思政元素、对大学生价值观的引导与传授英语语言知识、培养学生能力结合起来，在四课时的课堂教学中有机融入相关元素，引领大学生塑造正确的世界观、人生观、价值观，使他们成为中华民族伟大复兴的主人翁。

二、课程思政元素发掘

本单元课程主要融入了两个课程思政元素。

元素 1：在主题导入环节融入中国传统文化和社交礼仪的讲授，寓爱国主义教育于英语学习中，让学生感受中国传统文化的博大精深，增强民族自豪感。

元素 2：在课文讲授与课后练习和作业环节中融入中西文化、人际交往相关知识，通过相关知识的讲授和引导，使学生在学习英语的过程中做到"去其糟粕，取其精华"。

三、教案设计

（一）教学目标

本课程在"教授英语词汇、语法、篇章及语用知识的同时，增加学生在社会、文化等领域的知识储备，拓展国际视野，提升文化素养"（《大学英语教学指南2020 版》），让学生体会、感受、理解、分析并思辨，从而养成批判性思维方式。

在完成四课时的教学后学生应该完成如下内容：

（1）从篇章和语言两个角度完整理解课文；

（2）在学习"为什么友谊会终结"课文的过程中掌握并运用课文中和日常交流中涉及的词汇和表达法；

（3）在学习中体会"如何使友谊之树长青"等人文收获；

（4）从中西文化比较的角度进一步学习探究不同国度对朋友和友谊这一主题的相关理解；

（5）谈论一系列的口语话题，以及如何与室友相处等；

（6）运用比较（对比）手法完成一篇有关友谊的作文。

（二）教学内容（教学的重点和难点）

1. 导入任务（lead-in tasks）

→ Enlarge your vocabulary related to *friendship*
    bosom friend 知己，密友

bestie 闺蜜

guy best friend/ bromeo（bro+romeo）/ close guy friend 男闺蜜

Damon and Pythias 生死朋友，莫逆之交

a friend in need 患难之交

soul mate 心灵伴侣

sworn brother 结义兄弟

all-weather friend（China and Pakistan are time-tested and all-weather friends.）全天候朋友

fair-weather friend（someone who only wants to be your friend when things are going well for you）（酒肉朋友）

frenemy（friend+ enemy）

toxic friend 塑料姐妹花

best friend forever 死党

pen pals/ key pals 笔友

→ Think about how you will answer the following questions.

——Which type of friend do you really need?

——What kind of friendship do you try to avoid?

——What do you value most in your friendship with others?

→ Watch a video: Taking notes about how to get along with roommates and retell the key points. Do you agree or disagree with the speaker?

Note：As freshmen stepping foot on the college campus, they need to learn how to get along with their roommates, which is really important to their future life on the campus and in the society. This activity is designed to help students think carefully about the topic and explain their points in a better way.

→ Pair work：It's well accepted that China is one of the birthplaces of world civilization and it has its own unique social etiquette system. So it's advisable for you to keep those behavioral norms in mind and be well-behaved while hanging out with friends.

Now let's work together about what you know about these.（You and your partner may go to the front of the class and present to us if you wish to challenge yourselves.)

For example:
☑ When you run across the senior relatives of your friend, in what order should you be introduced to each other?
☑ When a woman is introduced to a man for the first time, what is the socially-accepted manner to shake hands?
☑ What other good manners do you know that are deeply rooted in our Chinese culture?

→ Group task: Work together with your partners, discussing the factors that help sustain friendships and those that may bring friendship to an end. What are the dos and don'ts while you're befriending others?
Dos:

Don'ts:

→ Listen to a recording and fill in the missing information.
(This is to help students learn how to summarize the talk about the topic in a written way.)

Friendship is a silent transformer of life, a relationship that 1) ____ only till the time it is nourished with 2) _____. By dictionary terms, it is a compassionate and 3) _____ between two or more individuals but it really 4) _____ or speak about the 5) _____ the relationship holds.

Friendship has a strong and enduring power that can 6) ____ the life of all those who are on their journey with this great feeling. It is a relationship that blows flowers on the way, 7) _____ when friends are together, and spreads love around. It is a feeling that 8) _____ at every stage of life, delivers peace of mind when 9) _____, and also offers a strong level of understanding. It ties two or more individuals so strongly that no one can escape from the anguish/agony of 10) _____ the relationship.

2. 课文相关任务 [Text-related tasks (students are supposed to have read the text beforehand)]

→ Use "scanning", one of the reading skills that you have ever learned before, and find from the text the four insights the author offers as to why friendships end.

(By the way, the class may have a brief review of the two reading skills—skimming and scanning.)

→ What is the conclusion of the author at the end of the article?

→ Text organization: Help students to figure out how the text is organized.
Introduction — main body — conclusion

→ Explanation and drills of key language points: (Students are expected to pay close attention to the chosen ones from the text and get familiar with how they can be used.)

☑ drift apart 疏远,渐行渐远
Example: If you fail to communicate with your friend regularly, you might drift apart.
如果你和朋友不能定期沟通交流,你们可能会渐渐疏远。

☑ refer to, mention 提到
Example: The more users there are, the more appealing the application becomes, a phenomenon that economists refer to as "network effects".
用户越多,则该应用更吸引人,这个现象被经济学家称为"网络效应"。

☑ slip away, disappear or die 消逝
Example: Without a certain amount of self-discipline, you know your goals are going to slip away.
没有一定程度的自律,你知道自己的目标注定要悄然逝去!

☑ insight 洞察力，深刻的见解

Example: With new research, scientists have gained a deeper insight into the process of aging.

新的研究使科学家对衰老的过程有了更深的理解。

Note: Para.1 serves as an introduction about why friendship ends. What do you think are the possible reasons why and how friendship ends? You are expected to talk about this topic out of your own observation or experience.（本项口语活动安排在第一段语言点讲练之后，旨在使学生自如谈论与自身生活息息相关的话题，提升语言应用能力。）

☑ likewise 同样地

Example: What I do not wish done to me, I likewise wish not to do to others.

己所不欲，勿施于人。

Some have little power to do good, and have likewise little strength to resist evil.

无行善之能者，亦无拒恶之力。

☑ mutual 相互的

Example: The two sides can work together for mutual benefit.

双方可以互惠合作。

mutual _____ 互助　　mutual _____ 相互合作

mutual _____ 相互支持　　mutual _____ 互信

a mutual _____ in sth. 共同的兴趣

☑ tend to do sth. 有……的倾向

Example: In general, you tend to get back what you give from the world around you.

一般而言，你给出什么，就会从周遭世界收获什么。

☑ take on 决定做，承担

Example: No other organization was able or willing to take on the job.

没有别的组织能够或愿意承担这事。

☑ consume 消耗

Example: Some of the most efficient refrigerators consume 70 percent less electricity than the old models.

能效最高的冰箱电耗比旧型号减少 70%。

☑ invest 投资，投入

Example: The stock market can be a good place to invest some of your money, but it is also risky, especially if you do not know much about stocks.

股票市场可以是很好的投资渠道，但是风险也很大，尤其是在你对股票了解不深的情况下。

☑ betray 背叛

Example: No country in the world will allow its lawmakers and officials to betray the state or split the national territory.

世界上任何国家都不允许其立法者和官员背叛国家或分裂国家领土。

☑ survive 生存

Example: To be able to survive, small businesses have to accommodate the needs of the local community.

要生存下来，小企业必须让自己适应当地社区需要。

☑ expose 使暴露于

Example: Students exposed to a good learning environment are bound to make quick progress.

在良好的学习环境里，学生一定进步快。

☑ apply to 适用于

Example: These regulations apply to everyone, without exception.

这些规定人人都要遵守，无一例外。

☑ cease 停止

Example: He never ceases to amaze me.

他总是令我惊喜。

☑ bounce back 反弹

Example: But this special report will argue that its economy will bounce back, and that the key to its recovery lies in globalisation.

但这篇特别报道认为该国经济将会反弹，而反弹的关键在于全球化。

→ Key structures to learn or review from the text:

（本部分采用讲练结合的方式，通过练习进行讲解）

☑ when it comes to... （Para.5）

☑ no matter what/ how/ whether... （Para.5）

（After clear explanation, students can go to P.68 and do exercise 3.1 and 3.2.）

☑ if... sentence structure （讲练句型结构时，让学生关注课文第五段 if 句型用在与讨论友谊相关话题时可以用到的比喻手法，如明喻和暗喻修辞方法的使用。下文详细解释。）

→ After the language and sentence structure focus, some exercises will be dealt with.

→ Critical thinking topic: Listen to two short audios and fill in the missing information. After the listening practice, students are expected to retell or further illustrate the different understanding of "friendship" in China and the West. By the way, students may be encouraged to give examples in terms of diplomatic relationships, understanding what China has done and what the west has done. In doing so, students are supposed to pride themselves in the achievements our home country has made. China is a country, emphasizing good bilateral relationship with other countries and we tend to help create a peaceful world.

For Chinese a true friendship _____ throughout life changes. Chinese are friends even if they haven't spoken for 20 years. If you shared something _____, then all your life you are friends. This is the best of Guanxi, the Wide Web that _____ Chinese through time and space. Chinese invented the Internet long before Bill Gates was born.

In North America, even the relationship in which people feel _____ and tell each other personal problems may not _____ life changes such as moving to another city, graduation from a university, a change in _____ circumstances, or marriage. If the people do not see each other regularly, the relationship is likely to die.

Western people prefer people to be _____ , so they do not feel _____ in a relationship in which one person is giving more and the other is dependent on what is giving. Their friendship is mostly a matter of providing _____ support and spending time together. A westerner will _____ to a friend's trouble by asking "What do you want to do?" The idea is to help the friend to _____ the problem and discover the solution he or she really wants and then to _____ the solution.

Chinese friends give each other more _____ help. A Chinese will use personal to help a friend get something hard to obtain such as a job, or an _____ with a good doctor. Chinese friends give each other money and might help each other out _____ over a long time.

→ Assignment 1: Describe a friend of yours who has one of the qualities listed below.
1) helpful and generous, thoughtful;
2) flexible and cooperative, understanding;
3) faithful and valuable, hard-working;
4) frank and honest, optimistic.

→ Assignment 2: Complete the following sentences in accordance with the Chinese translation.
1) 中国珍视与中东欧国家悠久而深厚的友谊，始终把中东欧国家看成可信赖的朋友和重要合作伙伴。

China cherishes its _____ with the central and east European countries. We find in you _____ and _____.

2) 无论国际风云如何变幻，我们都要坚持相互尊重、平等相待、彼此信任、睦邻友好。

Whatever happens on the world arena, we should insist _____, treat each other as equals and _____.

3) 中国一贯主张推动构建相互尊重、公平正义、合作共赢的新型国际关系，推动构建人类命运共同体。

China calls for _____ a new type of international relations characterized by _____, _____, _____ and_____, and for building a community with a shared future for mankind.

（三）教学手段与方法

1. 口语表达训练

在完成课文第一段讲解后，引导学生通过具体的事例来讲述"How and why do friendship end"。教师可以先从自己的亲身体会说起，然后提问学生。考虑到学生可能语言能力有限无法完整表达自己的感受，也可以引导学生用一个或几个关键词来串起整个故事。在学生表述后，教师利用总结的机会给出以下几个可能的理由： "betrayal, selfishness, disagreement, indifference, rumor, disrespect, distrust, jealousy..."，见图1。

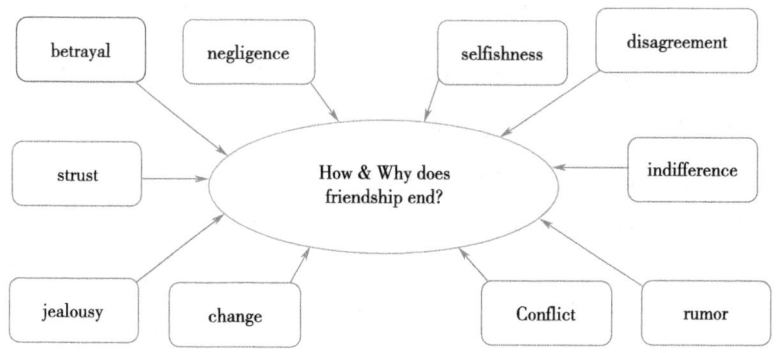

图1　口语表达教学图

设计这个活动的目的是"Reading & Interacting"。让学生积极参与谈论与自己生活相关的话题,使他们不至于无从下手,在有提示词的情况下,学生一般都愿意参与。这一部分设计时长为20分钟(也可以根据课堂时间安排调整)。

2. 重点精讲

在进行第五段讲解时侧重三个 if 引起的 parallel sentences 的讲解:a)If the flower is a fledgling plant, one blow might destroy it just as sometimes relatively young friendships aren't strong enough to endure much conflict. b)Sure, if a flourishing flower gets stepped on, it might revive on its own. c)At the same time, if a flower gets repeatedly trampled on, it'll probably eventually break.

在这一段,作者把友谊和对友谊的守候与养花做类比,课堂教学中教师的做法是:①对三个 if 句子做提示性讲解,让学生充分理解;②把事先设计好的需要用 if 翻译的几个与思政相关的句子展示给学生,让他们两两一组进行口头翻译;③带出虚拟句型,给学生进行相关的讲解并复习,以学生自己造出三个不同时间的虚拟句子结束;④提问学生:What else would you like to compare friendship to? 通过这一问题引出明喻和暗喻,要求学生落实到笔头上:用明喻和暗喻造句后彼此学习分享借鉴。这一部分的例句也主要涉及思政和中国文化相关内容。

设计这个活动的目的是"Reading & Integrated Skills Practice"。让学生在课文学习过程中讲练结合,新老知识点结合,学习新知识不忘复习高中学习中的重难点;通过两两活动互相借鉴,起到事半功倍的作用。这一部分设计时长为20分钟(也可以根据课堂时间安排调整)。

3. 课后作业

在完成课文讲解后布置课后作业:Describe a friend of yours who has one of the qualities listed below:

(1) helpful and generous, thoughtful;

(2) flexible and cooperative, understanding;

(3) faithful and valuable, hard-working;

(4) frank and honest, optimistic.

布置这一作业的目的是"Integrated Skills Practice"。通过篇章和语言的学习,学生可以根据自身的实际情况谈论这一口语考试中的常见话题。这一部分为课后作业,在下一次上课时视情况抽查几个学生的完成情况。这一部分设计时长为5分钟(也可以根据课堂时间安排调整)。

4.示例

（1）if例句。

① If none of the newly-enrolled students check the approved and prohibited items from the college before moving into campus, what would be the dormitory like?

② Creating the future you want is a lot easier if you are ready to exploit the opportunities that come your way.

③ If the local government can't get the support from the central government, especially in the area of technology cooperation, the aim to step into the mainland and international markets during the 14th Five-Year Plan period will just be "pie in the sky" talk.

（2）虚拟从句及相关例句。

虚拟语气是说话人想象中的假设或者推测，不是现实中的真实情况。一般用于表示想象、假设、怀疑或祝愿。常见的虚拟条件句有与现在、过去事实相反的情况和对将来情况的推测。

① If we hadn't made adequate preparations, The 2021 China International Fair for Trade in Services wouldn't have been so successful.

② If the Chinese People's Liberation Army （PLA） Navy has developed into a strategic force consisting of five services and with both nuclear and conventional weapons, it wouldn't be playing an important role in safeguarding world peace.

③ If those engaged in illegal or unethical behavior were punished, China's rapidly-growing culture and entertainment industry would be more prosperous.

（3）明喻与暗喻（Simile & Metaphor）。

Saying sorry to those who are suffering from the Afghanistan war is actually shedding crocodile tears.

All the world's a stage, and all men and women merely players. They have their exits and their entrances.

（四）教学过程

教学内容的设计思路如下：在语言能力培养的过程中潜移默化地融入思政元素，激发学生用英语宣传中国优秀文化的积极性以及应用语言的能力。思政元素体现在所设计的口语活动、听力练习、例句以及课后作业等方面。

在教学过程中，第一部分补充与"友谊"主题相关的词汇，学生们学习 all-weather friend，可以联想与我国多年来保持全天候友谊的国家，同时补充目前常用的其他流行词汇，顺便评论一些文化现象，并进行适当的讨论。

第二部分进入话题导入环节，从学生对友谊及朋友的定义开始，逐步引入中国文化中所尊崇的社交礼仪。学生在提高相关内容的英语表达能力的同时，也增强了文化自豪感。此外，我们在外交领域所呈现出来的大国风范也深为学生所知所感，也提升了其继承优秀文化的责任感。音频、视频的使用在提升学生听力水平的同时，也能让他们深入思考与生活息息相关的话题，并用英语表达出来。

第三部分教学内容的设计，旨在讲练结合，语言点的使用也与时政相关，方便学生在学习的同时激发其对相关话题的兴趣与思考。在授课过程中，任课教师应当着重关注学习过的知识点并适时复习，做到温故而知新。大学阶段的英语教学需要从修辞手段、语言、句子结构的使用等方面全面提升学生的篇章欣赏能力。在课堂授课过程中，语言点的学习与实践是与篇章欣赏相融合的，教师帮助学生仔细体会使用语言的精妙之处，提升其语感及应用语言的能力。此外，大学生也需要提升批判性思维能力，需要形成积极正确的价值观（本课程所提供的中西方对待友谊的不同态度的话题有助于实现该目标）。根据学生应用语言的能力，在不同的练习形式中呈现该思政元素（如提供了音频材料），以便帮助学生更好地组织语言进行陈述。课后作业的设计可以用来检查学生课堂上进行讨论（或讲、练之后）的效果。

总之，课堂设计围绕友谊这一主题展开，教学方法多样，旨在培养学生各方面的能力并提升其民族自豪感，使其成为宣扬中国优秀文化的新生力量。

四、教学效果分析

本课程的教学内容和课程设计符合《大学英语教学指南》针对大学英语基础教育阶段的目标，即在高中英语教学的基础上进一步提高学生英语的听、说、读、写、译等语言综合应用能力，同时满足在英语课堂融入思政元素的要求。以培养社会主义优秀接班人为指引，润物细无声地在英语课堂引导学生形成正确的人生观、价值观。年轻的学生们肩负着对外宣传优秀中华文化的责任，要使他们能够利用英语介绍中国文化的优秀内涵，能够发自内心地体现作为一名华夏学子的爱国情怀、对文化的自豪感，而不是崇洋媚外、贬低自己的文化价值。

本课程始终把爱国、爱中华优秀文化贯穿于教学过程中，同时不弱化各项语言技能的培养，实现了爱国主义教育与提高学生应用语言能力的有机融合。思政的内容体现在听、说、读、写、译训练中，符合英语教学规律，使学生在不断提升应用语言能力的同时，加强了爱国情怀与文化自信。

译有所为
——基于目的论的中国党政理念翻译

李腾龙①

课程名称： 翻译概论
课程性质： □公共课　　☑专业课
课程类别： □理论课　　□实践课　　☑理论实践一体课
课程所属学科及专业： 外国语言文学／商务英语
授课对象： 外国语学院大三上学期

一、课程简介

习近平总书记指示：讲好中国故事，传播好中国声音，展示真实、立体、全面的中国，是加强我国国际传播能力建设的重要任务；而其中最重要的一项就是要加强对中国共产党的宣传阐释，帮助外国民众认识到中国共产党真正为中国人民谋幸福而奋斗，了解中国共产党为什么能、马克思主义为什么行、中国特色社会主义为什么好。

本课程通过挖掘知识的价值属性，在提高学生双语转化和跨文化沟通能力的同时，增强学生的历史使命感和社会责任感，激发学生的内在学习动机和服务意识，使外语学习者具备扎实的专业技能和高尚的道德情怀，成为政治合格、技能过硬、满足时代和国家需要的翻译人才。

---

① 李腾龙，首都经济贸易大学外国语学院教师，翻译学博士，外国语言学及应用语言学博士后。主要研究方向：翻译学、语言学、辞典学。参与国家级、省部级项目三项，主持中国博士后科学基金一项，出版专著和译著多部，在外语类期刊发表论文多篇。获得全国英语口译大赛优秀指导教师、学校思政教学大赛等奖项，授课深受学生喜爱。

二、课程思政元素发掘

(一)学科本质与思政育人

外语教育(教学)首先是一种语言教学,这就必然涉及话语的意识形态;换言之,要关注课程所用文本的内容对社会主义核心价值观所起的作用是巩固和建构,还是消解和破坏;其次,它是一种知识传输的过程,必然涉及知识的价值属性,包括道德和伦理两个层面;最后,它是一种技能传授过程,这就涉及为谁培养人这个根本问题——培养的学生政治立场是否合格,所掌握的技能能否满足国家和时代的需要,是学科培养应当首先明确的问题。因此,从本质上来讲,外语教育是一片综合育人的重要领域。具体内容可用图1展示。

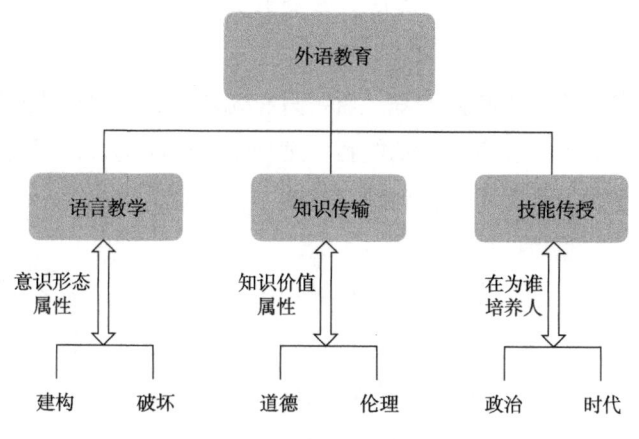

图 1　外语教育内容图

翻译一般分为理解、重组和表达三个阶段。译者首先也是读者,对原文的阅读和理解本质上是一个语内阐释的过程。重组,即打破原文的语法结构,用译文的语法结构还原原文的语义结构,这是一个知识建构的过程。将原文的深层语义用目的语的语言符号表达出来,即译文的生成,意味着学习者翻译技能的获得或提升。由于原文都是关于国情、党情的时政文本,所以育人的功能贯穿于翻译的每一个步骤和心理活动的每一个过程,因此学习翻译的过程就是思政元素内化于心的过程。具体内容可用图2展示。

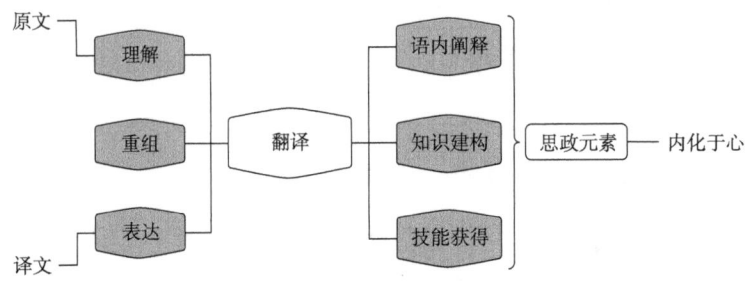

图 2　外语翻译过程图

（二）思政方法论与思政元素呈现

本课程思政元素挖掘所依据是韩宪洲提出的"一依据三结合"理论。"一依据"，即"要依据课程所归属或服务的学科和专业进行挖掘"。因此，就本课程而言，明确外语教育的学科特点与思政之间的本质联系是设计思政教学的首要前提。

专业知识是骨干，思政元素是气血，只有先把知识框架搭建起来，才能将思政元素填入其中。本节课旨在用功能目的理论指导翻译实践，理论联系实践不仅是翻译教学的学理逻辑，也是搭建课堂教学的脚手架，因此理论导入和翻译实践是引入思政元素的重点区域。

理论导入方面，教师先带领学生回顾中国历史上的三位著名学者、翻译家。此部分内容不仅是对既往知识的复习，也是本节课的导入。通过分析翻译家的相关言论，让学生总结他们的翻译目的和翻译方针，并自发地得出结论：翻译目的决定翻译手段。

元素1：这三位学者都是爱国知识分子，具有强烈的爱国情怀和民族意识，他们将翻译视为追求富强、改革社会、提升国民素养的重要方式。为什么他们会有这种翻译目的？这是时代赋予他们的使命。

元素2：随即引出下面两个问题：历史又赋予了"外语人"什么样的翻译使命呢？"外语人"应该如何提升自己的翻译水平？这两个问题是结合中国特色社会主义的伟大实践和学生未来所从事工作的职业素养提出的。要回答这个问题，就要过渡到实践这一环节。

元素3：在实践这一环节，选择《习近平谈治国理政》、党的十九大报告等作为教学材料。翻译包括理解、重组、表达三个阶段。解读原语文本的深层含义是翻译的前提，这一阅读和阐释阶段也是深入了解中国国情、党的方针政策的过程。

元素4：在案例分析中，老师提出问题，学生回答，师生互动，讨论原文与译文之间的关系，这一讨论过程正是学生用目的语重构原文含义的过程。学生对文本的相关内容由吸收变为输出，即落脚于表达，这是思政元素内化于心的过程。

元素5：最后阶段为课堂总结。一方面，它使教学成为一个完整的闭环；另一方面，它使学生认识到自己身上所承担的历史使命和责任担当，并将这种使命和担当内化为学习动力，使追求知识和提升道德情操相得益彰，最终把学生培养为政治合格、技能过硬、满足时代和国家需要的外语人才。具体过程见图3。

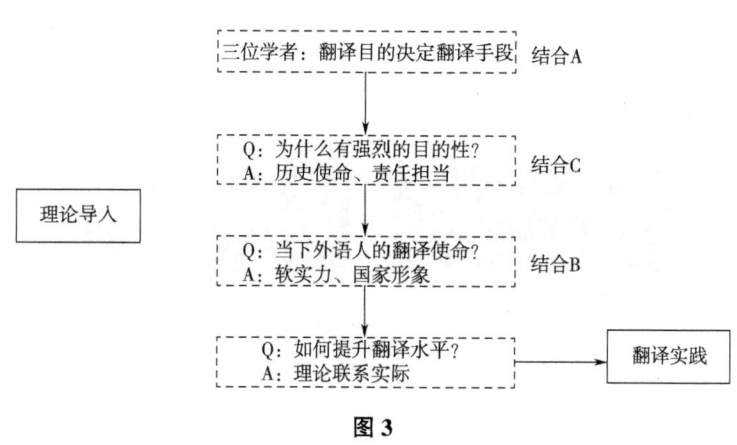

图3

三、教案设计

（一）教学目标

价值目标：明确翻译对于国家富强、民族复兴的重要意义，在学习中牢记自己的历史使命和责任担当。

知识目标：掌握目的论的核心要义与翻译原则。

能力目标：能够独立从事政治文献的翻译，为国家外译工作服务。

（二）教学内容

回顾：目的论的核心观点。

引入:党政理念的翻译目的。
重点:目的论在党政理念翻译中的运用。
难点:原文句子结构和意群的重组、政治术语的解读与处理。

(三)教学手段与方法

授课方法:案例教学法、启发式教学法、研讨式教学法。
教学手段:讲授、案例、实践。

(四)教学过程 PPT 展示

1. 复习:目的论回顾

目的论的核心观点

- 翻译目的成为翻译的功能,原文和译文的互动由翻译的目的来决定
- 译者应该用最适当的翻译策略来达到目的语文本意欲达到的目的

目的决定手段
The End Justifies The Means

译者的目的与使命

人物	时代	目的	手段
徐光启	晚明	会通超胜	西学纳入中国知识体系
康有为	清末	讲求西学培养人才	翻译选材分轻重缓急
鲁迅	民国	医治当时一些人群思路不缜密的问题	装进异样的句法和表达
目的的共性	将翻译视为救国救民的历史使命与责任担当			

2. 引入:党政理念翻译的目的

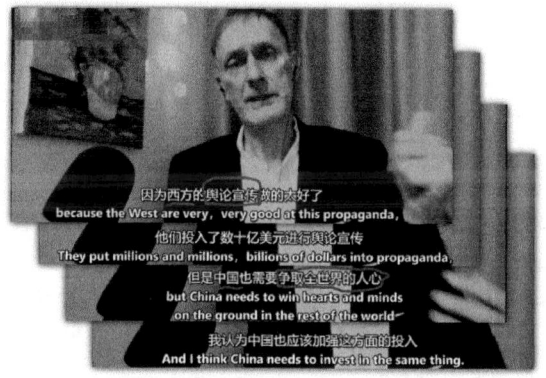

 要大力推进国际传播能力建设,加强话语体系建设,着力打造融通中外的新概念、新范畴、新表述,讲好中国故事,传播好中国声音,增强在国际上的话语权。

要加强对中国共产党的宣传阐释,帮助外国民众认识到中国共产党真正为中国人民谋幸福而奋斗,了解中国共产党为什么能、马克思主义为什么行、中国特色社会主义为什么好。

3. 主体:基于目的论的中国党政理念翻译

目的论的翻译原则之一:目的原则
Skopos Rule

> 译文的形式不是由原文本、原文本对原语读者的作用或原作者赋予原文的功能决定的,而是由翻译发起者(translation initiator)赋予译文的潜在功能(prospective function)决定的。

> 如果<u>管党不力、治党不严</u>,人民群众反映强烈的党内突出问题得不到解决,那我们党迟早会失去执政资格,不可避免被历史淘汰。
> 《习近平谈治国理政》

语法特征: 主语的缺位(subject omission)
语义补足: 管党、治党的主体是谁?
译文功能: 使西方了解中国共产党自我监督、自我纠错的能力和决心,树立党的良好形象。

If the party committees fail to... (×)

If supervision is lax... (✓)

目的论的翻译原则之二：忠诚原则
Fidelity Rule

忠诚指的是原文和译文之间的互文连贯（intertextual coherence），即译文（translatum）和原文在深层语义结构上的对应关系。

严厉整治形式主义……
坚决防止和反对个人主义、分散主义、自由主义……（党的十九大报告）

汉语原文	英语译文1	英语译文2
形式主义	formalism	formalities for formalities' sake
个人主义	individualism	self-centered behavior
自由主义	liberalism	behavior in disregard of the rules

- Formalism是注重形式的一种艺术风格。中文指口号多、落实少的思想方法和工作作风。
- Individualism和Liberalism在英文中是中性或褒义，属于社会哲学范畴，中文语境中指的是以个人为中心，不守纪律的行为。

- 多年来，我们翻译时政文件的最大问题是机械、生硬地把中式概念翻成英文，增加了受众的理解困难。
- 很多外国受众反映很难理解中国的政治语汇，阅读有关文件翻译如同"decoding experience"（翻译密码）。（陈明明，2021）

走出原文，看其上下文。

走出原文，查外部文献。

4. 小结

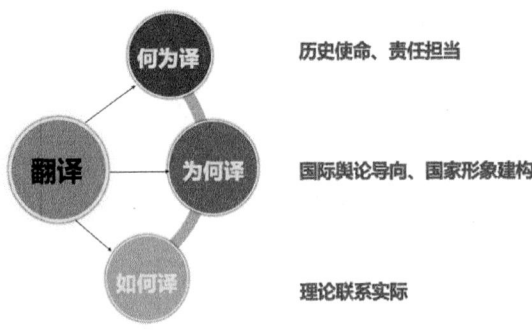

5. 课后

作业

Translate the following sentence under the guidance of Skopos theory.

> 全党同志要深刻认识反腐败斗争的长期性、复杂性、艰巨性,以猛药去疴、重典治乱的决心,以<u>刮骨疗毒、壮士断腕</u>的勇气,坚决把党风廉政建设和反腐败斗争进行到底。
>
> 《习近平谈治国理政》

四、教学效果分析

习近平总书记强调,要大力推进国际传播能力建设,加强话语体系建设,着力打造融通中外的新概念、新范畴、新表述,讲好中国故事,传播好中国声音,增强在国际上的话语权。这为外国语言文学专业的人才培养提出了新的时代要求。

一方面,本节课分析了中国历史上不同时期翻译学者的思想,使学生明白自己的所学与国家建设、民族复兴之间的关系,从而形成正确的价值观。另一方面,本节课理论联系实践,通过文本分析与译文评价,使学生掌握目的论在翻译实践中的具体运用,从而为将来从事政治文献的外译奠定坚实的基础。

英语学习与中国文化自信：语言文化中的思想与政治

姚玲玲

课程性质：☑公共课　　□专业课
课程类别：□理论课　　□实践课　　☑理论实践一体课
课程所属学科及专业：外国语言文学
授课对象：首都经济贸易大学 2021 级研究生新生

一、课程简介

2020 年，习近平总书记对研究生教育作出重要指示，中国特色社会主义进入新时代，即将在决胜全面建成小康社会、决战脱贫攻坚的基础上迈向建设社会主义现代化国家的新征程，党和国家事业发展迫切需要培养造就大批德才兼备的高层次人才。李克强总理批示指出，研究生教育肩负着高层次人才培养和创新创造的重要使命，是国家发展、社会进步的重要基石。

外语教育和外语能力是研究生教育最重要和最基础的内容之一。英语是研究生外语学位课的核心语种，是我国研究生教育最重要的基础课程之一，在人才培养方面的地位不可替代。研究生英语课程具有人文性、工具性和专业性三大特点，研究生英语教学具有立德树人、思政育人的人文素质教育功能。研究生英语教学和研究生英语课程要与时俱进，利用最先进的教学理念和教学设备，充分利用网络资源，使研究生课程和课堂内容前沿化，充满活力。

通过研究生英语的学习，学生将了解人文与社科、经济与管理、生命与健康、科学与技术、环境与能源等与当今世界密切相关的五大主题，从中感悟自己的家国情怀，提高自身科技素养，开阔自己的国际视野，并能自信地用英语讲述中国故事和中国文明,让国际社会听到中国声音和中国经验,成为热爱祖国、胸怀世界、具有跨文化沟通能力的高学历复合型专业人才。

二、课程蕴含的思政元素分析

(一)青年是国家和世界的未来

在纪念五四运动100周年大会上,习近平总书记指出:青年是国家的未来,也是世界的未来。中国梦和世界梦息息相通,中华民族应该对人类社会作出更大贡献。新时代中国青年,要有家国情怀,也要有人类关怀,发扬中华文化崇尚的四海一家、天下为公精神,为实现中华民族伟大复兴而奋斗,为推动共建"一带一路"、推动构建人类命运共同体而努力。

青年人只有将个人理想融入党和国家的伟大事业中,深刻理解和把握时代潮流和世界趋势,才能成就一翻事业,实现人生价值。

作为接受研究生教育的高学历青年才俊、未来的社会精英,面对全球大变局,更应争当引领时代的先锋,争做世界和平的领袖。

(二)语言文化自信:从被迫学外语到主动学外语

"七一勋章"获得者、中国科学院院士、中国工程院院士陆元九,出生于1920年,1945年成为第一批公费留学生,进入美国深造,1949年获得美国麻省理工学院仪器学专业博士学位。1950年代初,中美达成以美国战俘换中国留学人员回国的协议,陆元九克服重重阻挠,于1956年得以辗转回国。在《吾家吾国》的采访中,陆老回忆早年求学期间,从重庆飞到印度加尔各答,并在加尔各答等待船只到美国,当时因为想吃面包被美国人骂了一顿;因为中国人被看不起,走路都能被美国人伸一腿绊倒。当主持人问,为什么还必须得出国去读书呢?陆老答道:"解放前,中国受人家气到什么程度?像'九一八',日本占了东北,那些流浪学生,唱的歌就是'我的家在东北松花江上,想念自己的母亲',你们不知道啊,我们多么爱中国。所以我们从小的时候,就有一个中心口号,学好科学救中国。"当年一批批热血青年,经历了与陆老相似的处境和心境,在留学所在国饱受歧视的情况下,努力学习外语,刻苦钻研专业知识,最终得以回国并报效祖国,成为中国崛起的中坚力量。

沧海桑田，斗转星移。如今，中国的高等教育蓬勃发展，中国的科学技术和思想文化发展正在迎头追赶世界先进国家。在有些领域，我们也已经开始领先世界，中国也成为众多国际学生向往的留学目的国，汉语已经成为很多国家的第一外语。新一代的中国青年学子不必出国，在自己的国家就能接触和学习到世界上最先进的科学、文化和思想。这就是我们的文化自信。中国人常讲，知己知彼，百战不殆。在追求国家民族伟大复兴的道路上，我们依然有必要学习别国的语言和文明，争取阅读第一手资料，听取第一手信息，继续不知倦怠地取人之长补己之短，建设我们开放、包容的中华文明。与此同时，我们也可以利用所学外语，对外讲述中国故事，传授中国经验，传播中华文明。由此可见，21世纪中国青年的外语学习，与20世纪有志青年的外语学习相比，虽然目的都是建设繁荣富强的中国，但已经出现了可喜的质的变化。中国的青年学子应该把握时代的脉搏，学好外语和专业知识，成长为双语复合型人才，在全球化的工作环境中，成为引领力量。

（三）人类命运共同体：我们的征途是星辰大海

党的十八大以来，习近平总书记在国内外不同的场合，包括联合国大会，强调推动构建人类命运共同体、共同建设更加美好的世界的重要性和必要性。2021年，在参观"友好往来 命运与共——党和国家领导人外交活动礼品展"时，习近平强调，"我们将高举和平、发展、合作、共赢旗帜，同世界各国人民深化友谊、加强交流，推动建设新型国际关系，推动构建人类命运共同体，推动共建'一带一路'高质量发展，以中国的新发展为世界提供新机遇"。

中国的政治家有大格局和大胸怀，中国人民经历了被侮辱被凌霸的民族伤痛，我们的国家和人民对其他民族和国家所希冀的和平、民主、独立、自由和繁荣的向往特别能感同身受。坚持互利共赢，共同富裕，同世界各国人民一道享受发展的红利，构建人类休戚与共的命运共同体，是中国对世界和平的伟大承诺。中国高等教育的青年学子，拥有丰富的专业知识和才能，具备良好的中外文沟通能力，必将在"一带一路"和"人类命运共同体"的建设中发挥自己的聪明才智，实现自己的人生价值，为国家发展和世界和平作出力所能及的贡献，成为未来世界文明的推动者和领导者。

（四）尊重文化差异，反对文化霸权

文化差异造就文明的多样化，尊重文化差异才能促进多样化文明的发展，维护世界和平。而文化霸权的结果，就是通过各种渗透，将自己的意识强加到他者的身上，最终消灭对方的文化信念，使其沦为霸权文化的附庸，这对文明的多元化和世界和平有害无利。在涉及对外交往的方方面面，广大青年学子需要更全面地了解中国自身的语言和文化，拥有文化自信，了解英语语言及其文化，不盲目崇洋媚外，在对外交往中做到有理有据、有礼有节、客观公允，积极地推动文明的友好交流和相互借鉴。

三、教案设计

（一）教学目标

1. 知识目标

通过本课程的学习，学生将学会在英语语境中更深入透彻地理解人与社会、经济与管理、生命与健康、环境与能源、科学与技术等当今时代的五大主题。

2. 能力目标

通过知识的学习，学生能更准确流畅地针对当今时代的五大主题讲解中国故事，阐明中国观点，分享中国经验，提供中国方案，具有在国际社会准确、清晰、流畅、自信地发出中国声音的能力。

3. 价值目标

（1）培养学生中英文语言自信、文化自信和思想自信。

（2）了解当代西方社会对世界关注的五大主题的看法，了解中国在这些问题上的立场和解决方案，培养学生从比较的角度分析异同，用英文有理有据地表述中国观点、分享中国经验，共同迎接世界挑战。

（3）训练学生用中英文进行批判性和创造性思维的能力。

（4）通过了解家国历史，培养学生家国情怀，在中外文化交往中弘扬爱国主义价值观。

（5）做国际交流的友好使者，文化差异的沟通者，世界和平的推动者。

（二）教学内容分析

1. 教学内容

（1）深入理解、透彻分析、批判性学习当今世界焦点领域的英文著述，包括但不限于领袖与领导力、语言与文化、生态与经济、医学研究、人与世界、宇宙与物种、创业与就业、需求与焦虑、独处与孤独、健康与疾病、芯片大战与技术革命等。

（2）了解并使用英文介绍中国在相关领域的观点、态度、政策和措施，不卑不亢地分享中国在相关领域的经验和成果，推动世界倾听中国的声音。

（3）系统地进行翻译和写作训练，通过文字让世界了解中国。

2. 教学重点

全面提高学生的英文听说读写综合能力，使其能够自信、准确地运用中英文表达自己成熟的观点。

3. 教学难点

课程所选主题具有时代性、思想性、科学性和趣味性，因此准确理解这些主题及各种观点的细微差别是教学的难点。

（三）教学对象分析

1. 知识基础分析

研究生综合英语课程的新生已经通过了大学四级考试和研究生英语入学考试，有相当水平的英文阅读、听力和写作的基础，有深入学习的态度，也有能力对世界上正在发生的事情提出自己的看法。但总体来说，此阶段的学生英文听、说、写能力落后于英文阅读能力，存在"哑巴英语"和无法准确表达复杂思想的问题，学生不具备开口的信心。本课程需要让学生重新认识英语的工具性本质，重拾用英语交流的信心，自信地表达对西方观点的中国看法和认知。

2. 学习特点

研究生大多都有很强的自主学习能力和克服困难的意志，要充分利用学生的这些优势，引导他们持之以恒地练习听说读写。语言学习是一个聚少成多、日积月累的过程。语言的点滴进步不一定能随时可见，但是最终的"质变"绝不会缺席。

因为付出与结果不成正比，有些研究生对英语产生了抵触情绪。要及时疏导这些学生，让他们意识到保持英语学习的必要性和紧迫性，鼓励他们充分利用高等教育中宝贵的英语教育资源，学好外语，争当祖国急需的复合型人才，在为国贡献中实现自己的人生价值。

英语学习过程中难免因为所选材料的挑战性而让学生望而生畏，因此要多引导学生针对作者的观点和写作提出问题，激发学生的好奇心，帮助学生在回答问题的过程中增进对文章的理解。必要时，应增加能够吸引学生兴趣的视频、图片等视觉材料，以帮助达到教学效果。

（四）教学手段与方法

本课程以使用语言进行交流沟通为教学目的（communicative language teaching），以学生的语言实践为核心，采用互动教学法（interactive teaching），创造沉浸式英语学习环境（immersion language learning），引导学生发挥自己的主动性，实现翻转课堂教学（flipped classroom model）。

首先，研究生英语课堂是以使用英语进行交流和沟通为目的的。学生需要在踏入课堂的那一刻起，就有意识地进入沉浸式学习中，使用英语作为与同学和老师沟通的语言，逐步达到在英语语境中使用英语思维的效果。

其次，研究生英语课堂采取互动教学法。与讲座式教学（lecture-style teaching）不同，英语课堂以互动为基本教学法，尽量模拟日常交流方式，给予学生尽可能多的开口机会。

最后，研究生英语采取翻转课堂的教学模式。研究生具有自主学习的能力，翻转课堂就是充分利用学生的自学能力，将课堂的宝贵时间用来检测学生所学知识，深入交流问题，以及答疑解惑。

具体的教学方法、手段如下。

1. 翻转课堂中以学生为中心

在传统课堂上，教师使用讲座式教学，将课堂主要用来传授课本知识，几乎没有时间了解学生是否掌握知识点，也没有时间解答学生的疑惑，学生容易处于似懂非懂的状态。而翻转课堂将教科书的预习留给了学生，课堂时间则用来检测学生预习的效果，有针对性地解答学生的疑惑，并进行问题的深入交流。教师变成了一个讨论会的主持人兼导师，通过引导学生提出问题、解答问题，甚至进一步地深化问题，达到真正了解问题、掌握知识的目的。

2. 通过沉浸式英语学习提高学生的听力

沉浸式英语学习被证明是更为有效的语言学习方法。很多研究生新生在过去没有接触过沉浸式英语学习的环境，刚开始需要一段时间适应。沉浸式英语要求教师和学生在课堂上均使用英语进行交流，对教师的语言能力有很高的要求，十分有助于熏陶学生的听力和临场英文反应能力。教师要根据学生的现场反馈，及时调整语速，适时变换用词和表达方式，帮助学生理解和回答问题。

3. 通过苏格拉底式问答法提高学生阅读能力

学生在阅读资料时，十分容易迷失在信息和知识当中，看不到重点。教师以提问的方式，检测学生知识的掌握情况，从简单的问题到更为复杂的问题，从一个问题延伸到相关问题以及更为宏大的问题，甚至引导学生自己提问，直至学生开始自己提问自己并寻找答案。通过提出一个个问题和寻找一个个答案，让学生自己找到从资料中获取知识的方式。实践证明，适量地使用苏格拉底式问答法将帮助学生在最短的时间内获取最大量的知识。

4. 通过课堂交流提高学生口语水平

英语学习的最佳方式是在使用中提高英语水平，英语课堂是很多学生学习使用英语唯一的地方，因此教师应当最大限度地为学生提供使用语言进行交流的机会。研究生综合英语是 40 人以上的大班，这种规模让互动交流变得异常稀缺。教师应当通过组织小组讨论和展示、经常性提问的方式，增加学生开口练习英语的机会。

5. 通过马拉松写作练习提高学生写作水平

写作有三个作用：第一，有利于提高口语表达能力；第二，书面交流也是重要的交流方式；第三，写作是一种重要的思考方式。美国有些文理学院会在正式开学之前对新生进行写作和思考（writing and thinking）的写作训练，目的就是培养学生通过写作进行深度、有逻辑的思考，并培养良好的写作表达能力。写作的质量需要建立在一定的写作数量基础上。除了单独的写作训练，写作也可以融合在小组讨论中，作为讨论的前奏或结果。结合课堂内容，在整个课程中将写作进行下去，最后学生将不再畏惧提笔作文，写作将渐渐变成一种思考的方式。

6. 通过整合网络和技术资源提高学生学习兴趣

印刷术文明下的传统书本教学已经不能满足在互联网时代下成长起来的学生们的学习习惯，教师既要充分利用课本配套的网络资源，也要善于利用网上新技术、新应用程序、新资源，使课堂内容前沿化，充满活力。

（五）教学过程

本小节以视听说教程第一单元（文化差异）为例，阐释教学过程。

1. 教学设计思路

（1）通过问题引导学生逐步深入地探讨文化差异，从国内文化差异到国外文化差异，从亲身经历的文化差异到从二手资料中习得的文化差异。通过对这些问题的讨论和思考，最终对"文化"一词进行描述或定义。学生将思考写下来，在分组活动中与小组成员分享。最后班级一起分享。

课程思政的体现具体如下。利用学生提到的文化现象，分析文化差异背后的多种因素，认识到文化没有高低，只有不同。中华文明尊重不同，主张求同存异，主张人与自然的和谐统一，是一种与人为善的文明。譬如，中国人喜欢喝开水，国外喜欢喝冰水，但外国人有时会取笑爱喝热水的中国人。追问学生喝热水与喝冰水是否跟文化发展有关，为什么中国人喝开水，中国人什么时候开始喝开水。中国人民志愿军在抗美援朝的同时还开展了反细菌战，在前线抗击鼠疫、霍乱等传染病，因为水源也被污染，被迫养成了喝热水的习惯；后来，全国开展爱国卫生运动，志愿军喝热水的习惯也被推广开来，这在当时是最经济实惠也最有效的获取清洁饮用水的方式。一杯热水也可以进行爱国主义教育。

（2）在完成刮痧、剪纸艺术、国家象征、文化冲击、西游记的视听练习时，引导学生思考哪些中国文化在国外特别受欢迎，为什么出现那样的情况；外国人喜欢什么样的中国文化，什么样的外国文化在中国受欢迎，为什么；我们喜欢什么样的外国文化等问题。学生小组讨论，再选取一定数量的小组在班上分享。

课程思政的体现示例如下。中华文化源远流长，但是近代落后挨打，期间有过一些矫枉过正的现象，也有过一些崇洋媚外的现象，我们不能夜郎自大，但是也要有文化自信。譬如，社会上出现了不少的中医黑，认为中医一无是处；甚至有些朋友间不能谈论中医，否则"友谊的小船说翻就翻"。然而中医的针灸已经被美国军队采纳，一位学医的美国同学还告诉笔者，美国人也在学用针灸麻醉代替麻醉药做外科手术。笔者至今记得当时的震撼：一是震撼于针灸具有这么神奇的功效；二是震撼于自己的一无所知，还需要从外国人口中了解自己国家的文化瑰宝。

（3）利用网络资源，补充文化差异的知识。让学生集体观看 TEDx Talks 名为 *Cross Cultural Communication* 的演讲，演讲者 Pellegrino Riccardi 是一名跨文化专家。观看前给学生提一组问题，让学生带着问题观看视频找出答案，然后让学生讨论是否同意 Riccardi 关于文化的定义，并分组讨论在视频中提到的每一个场合中国人会采用什么做法，以及为什么会如此。

课程思政的体现示例如下。富裕了的中国人喜欢去国外旅游，新闻上常出现关于这些游客的负面报道，譬如在大街上大声说话被外国人当成吵架并报警，在餐馆大声说话被餐厅拒绝进入，等等。引导学生分析这些文化差异背后的原因，使学生对游客行为有更深刻的理解，对我们的文化有更全面的认知，而不单单是一味批判和指责我们的同胞。

（4）通过课堂习题、思考题和课后观察，帮助学生巩固所学知识，继续深入观察、思考文化差异和跨文化交流的现象。

课程思政的示例如下。引导学生留意、记录并思考周围出现的"不熟悉和不被接受"的文化现象，如网络媒体上关于文化差异的报道，特别是中国各地出现的截然不同的文化习俗，认识到文化的多样性、矛盾性和可塑性。笔者会引导学生思考自己的英文名，为什么取一个英文名，对自己的英文名有怎样的感情，然后分享自己的英文名的故事。笔者在大学的时候，在英语老师的要求下，给自己取了一个英文名，然而出国之后发现每次介绍完自己，美国人总会问一句笔者的中文名，然后用蹩脚的中文称呼笔者的中文名字，以至于笔者后来干脆不介绍自己的英文名，也几乎用不上英文名了。这说明我们要对自己的文化，包括自己的名字，有文化自信；也说明跨文化交流是我们学习、反思、认识和重新发现自己文化和身份的过程，是一个爱国主义教育的过程。

2. 教学过程安排

根据教学要求和教学计划，合理设计教学进程，内容过渡有序，充分利用好每节课堂上的50分钟。教学中灵活运用各种教学法，达到检测、评估、督促、帮助学生学习的效果。教学进程安排如表1所示。

表1 教学过程表

教学意图	教学内容及手段	环节设计
导言	Pair work：学生两人一组，思考下列问题，并将答案一一列出： ➤ Think of a cultural difference between you and your partner; ➤ Think of a cultural difference between two countries; ➤ Think of a cultural difference you've experienced Presentation：选取一两个小组，分享他们的讨论	5分钟（通过例子初步了解文化因地区、国别、个人而产生差异，用英文讨论并分享结果）
概念引入问题提出	1. 引入文化的概念。两人一组讨论并思考下面的问题，选取一到两组进行分享： ➤ Find a dictionary definition of culture and explain culture in your own words with examples 2. 在PPT上展示一些关于文化的名言，让学生通过诵读／翻译去体会多重视角下文化的含义：	6分钟（利用名言帮助学生从不同的角度理解文化的含义及其重要性）

续表

教学意图	教学内容及手段	环节设计
概念引入 问题提出	➢ No culture can live if it attempts to be exclusive. 　　—Mahatma Gandhi ➢ The triumph of culture is to overpower nationality. 　　—Ralph Waldo Emerson ➢ You don't have to burn books to destroy a culture. Just get people to stop reading them. 　　—Ray Bradbury ➢ To merely observe your culture without contributing to it seems very close to existing as a ghost. 　　—Chuck Palahniuk ➢ The crucial differences which distinguish human societies and human beings are not biological. They are cultural. 　　—Ruth Benedict	6分钟（利用名言帮助学生从不同的角度理解文化的含义及其重要性）
本节课程 框架结构	1. 文化和文化差异的概念和表现形式； 2. 刮痧、熊猫、剪纸艺术、国家象征、文化冲击、《西游记》等听力训练的疑难解答； 3. 视听说训练——延展1； 4. 视听说训练——延展2； 5. 口语练习——身体语言； 6. 补充视听说练习：TedxTalks； 7. 课后观察思考题	1分钟（介绍本次课堂的任务）
视听说练习 翻转课堂 （教学重点）	○ 检查学生听力答案； ○ 逐一解答学生的疑点、难点并分析原因； ○ 总结视听的经验和技巧	8分钟（翻转课堂利用学生自学能力，教师充当导师的角色）
视听说训练 （延展1）	《刮痧》内容表演：重新观看《刮痧》的视频，学生两人一组，要求学生争取不看台词进行角色扮演	6分钟（表演可以综合培养学生听力、背诵、模仿、口语能力）
视听说训练 （延展2）	文化冲击： √学生分组讨论，回忆并列出进入研究生院以来所感受到的文化冲击； √选取两到三组在班级分享小组清单； √如果时间允许，分享笔者在研究生院时感受到的文化冲击，包括中国人的英文名。他者的视角有时是一种提醒，能让我们重新认识自己的文化身份、作为中国人的身份。这就是大家常说的出国后方才知道自己多爱祖国；	6分钟（这部分可以融入很多思政内容，非常适合爱国主义教育）

续表

教学意图	教学内容及手段	环节设计
视听说训练（延展2）	√询问学生是否知道热水和冰水之争，循循善诱引导学生了解中国人什么时候开始喝热水，喝热水的缘由，帮助学生了解热水背后的反对侵略、保家卫国的抗美援朝战争，借此进行爱国主义教育	
口语练习：身体语言	※ 列出你所有使用的身体语言，两人一组，与同组小伙伴一同分享，选择两到三组在课堂上分享； ※ 两人一组，列出你不喜欢的身体语言，解释为什么，选择两到三组在课堂上分享	8分钟（了解身体语言因人、地区和国家而异）
补充视听说练习	TED: *Cross Cultural Communication* ● 选择性地观看视频； ● 给学生几个问题，让学生带着问题去观看： ➢ What is the speaker's definition of culture? ➢ Which of his accent worked better with British Airlines, British accent or Italian accent? ● 看过这个演讲后，如何重新看待中国游客在国外被指责说话大声这个问题？中国人说话声音大吗？相对于谁而言？中国人为什么说话声音相对来说较大呢？ ● 学生在课外可以观看剩余未播放的视频	8分钟（补充视听说资源，让英语学习更有趣味性、更生动）
课程总结内容回顾	对本次课程的主要内容（尤其是文化和文化差异的定义和重要性）进行概要式的总结，要从比较的、历史的角度看并尊重文化差异，增强文化自信	1分钟（回顾PPT，对课程进行总结，加深学生的印象）
课后作业：观察、思考、写作和分享文化差异	※ 留意记录周围出现的"不熟悉和不被接受"的文化现象，如网络媒体上关于文化差异的报道，特别是中国各地出现的截然不同的文化习俗； ※ 了解文化差异与增强文化自信之间有怎样的关系	1分钟（布置课后作业，鼓励学生对课堂知识进行持续性学习和思考）

四、教学效果分析

本课程的教学内容和课程设计符合研究生公共英语课学生的语言水平和认知能力，通过沉浸式、互动式、以交流为目标的英语教学，结合翻转课堂，使用网络视听资源，有效地激发学生的学习兴趣、参与热情和思辨能力，学生学习语言的信心得到增强，听说读写全面进步，跨文化交际能力显著提高，达到《非英语专业学位研究生英语教学大纲》所要求的英语水平。

研究生公共英语教学具有立德树人、思政育人的人文素质教育功能。笔者曾留学海外，对于文化差异和中国人的身份有着切身的体会和感悟。作为一名普通高校教师，幸运地拥有为国家培养栋梁、引导和塑造青年学生的光荣使命和任务，深感责任重大。在指导学生学习英语语言文化的过程中，在不同文化与文明的比较与碰撞中，笔者不敢忘记初心，教学中始终贯穿着爱国主义情怀，坚定中国文化自信，鼓励学生将自己的人生理想与为国奉献联系在一起，学好英语，刻苦钻研专业知识，努力成为祖国最需要的复合型专业人才。

本课程中对思政的有机融入，能够使学生更好地了解中国文化在世界文明中的位置以及与其他文化的异同，能够更科学、客观、自信地看待自己的文化，并为中国文化的发扬光大作出自己力所能及的贡献。

论 文 集

How to Teach American English Consonants to Chinese University EFL Learners

Wang Hongyu[1]

Abstract: Nowadays as for college non-English major students, pronunciation teaching is seldom designed and incorporated into the teaching syllabus in that it seems unnecessary for college students to be trained of pronunciation because they belong to intermediate even advanced English level, without the needs of training pronunciation in the eyes of language teachers or educators. Therefore, the majority of language teachers ignore the skill of pronunciation training for students both in class and off class; or most probably teachers themselves feel challenged and are not confident enough to teach English pronunciation in terms of phonology. Actually, college students, even some teachers, do have difficulty understanding native speakers due to lack of knowledge and proficiency in English pronunciation. This paper is meant as a contribution to illustrate English consonants for the sake of improving EFL learners' intelligibility, comprehensibility and accentedness. By so doing, college learners can identify rules of consonants and changes in affected environment for the sake of promoting mutual understanding and communication in English speaking world. As a consequence, university teachers will establish

---

[1] 王宏玉，女，北京人，首都经济贸易大学外国语学院副教授，硕士生导师。研究方向：应用语言学、英语教学法及跨文化交际等。

teaching priorities about what to teach and how to teach English consonants effectively in English classes in universities.

Key words: mistakes of Chinese EFL learners; consonants description; teaching plan

Newton (2009) states that it is probably short-sighted that some teachers reject any type of form-focused pronunciation teaching. Actually, appropriate attention to form for pronunciation is likely to have the same kinds of good effects as attention to form can have for the learning of vocabulary, grammar or discourse. As an aspect of language teaching, pronunciation has received relatively little attention since the decline of the audiolingual era, despite the important role that pronunciation plays in the intelligibility of speech (Murphy, 2004). However, Chinese college learners lack appropriate attention and pronunciation training both in and out of class in that college English teaching syllabus usually doesn't involve formal and systematic teaching plan of pronunciation training. Besides, the teachers probably lack enough confidence and sufficient expertise of phonology to teach pronunciation. Based on the research studies of English language teaching, pronunciation training does contribute a lot to EFL listening and speaking so as to promote English proficiency of communication.

1. Common Errors of Chinese learners in Consonants

Goldstein (2008) notes that specifically, as for the consonants, Chinese have difficulty with final consonants which may be dropped, especially after a diphthong, or short vowel may be added at the end. Great difficulty with groups of consonants is: vowels often inserted between consonants in initial clusters; vowels added or consonants dropped in final clusters. Based on the past research, Chinese EFL students don't know silent letters in words, such as silent /p/ in "receipt"; silent /r/ in "iron"; silent /b/ in "climb", etc. Another problem is flap /t/ in "better", "water" "matter", when "t" is between two vowels. One more example is dark /l/ and light /l/, when the letter "l" is at the beginning or ending of a word. Thus, conclusion can be drawn that due to the interference of local dialects and less knowledge about rules of English pronunciation, students from the north part of China usually can't distinguish English sounds between /s/

and /ʃ/; students from the south, especially South of Yangtze River have trouble differentiating the sounds between /l/ and /n/ or /l/ and /r/; students from Central North find it difficult to identify the sounds between /n/ and /ŋ/. According to Goldstein (2008), Chinese learners are likely to make mistakes in the following consonants (Chart 1):

Chart 1

Consonants	Description of Problems
/l/	confused with /r/; confused with /n/ by some speakers
/z/	usually replaced with /s/
/dʒ/	(joke) sounds close to /tʃ/ (chair)
/ʃ/	(shoe) confused with /s/ or may sound close to /h/, especially before /iy/ (sheep) or /ɪ/ (ship)
/ʒ/	(television) may be confused with /ʃ/ (shoe), /s/, or /z/
/v/	replaced with /f/ or sometimes /w/
/θ/	(think) replaced with /t/, /s/, or /f/
/ð/	(feather) replaced with /d/ or /z/
/b/, /d/, /g/	may be pronounced /p/, /t/, /k/, especially at the end of words
/h/	may be pronounced harshly, confused with /s/ or /ʃ/ (shoe) before /iy/ (sheep) or /ɪ/ (ship)
/y/	found difficult before the vowels /iy/ or /ɪ/

According to Newton (2009), teachers' experience and research studies show that the learners' first language can have a major influence on learning the sound system of another language. In addition, Hammerly (1982) gave the following list of relationships ranked from the most difficult to the least difficult concerning pronunciation: 1) the second language has an allophone that is not in the first language (dark /l/, aspiration); 2) the second language has an allophone that it not in the first language (/ð/); 3) the learner has to use a first language phoneme in a new position (final /t/ for Chinese speakers).

As Szpyra-Kozlowska (2015) stresses it is an important component of language without which no efficient oral communication is possible. Thus, phonetic errors may lead to misunderstandings and even communication breaks down. As is experienced my friend and I once dined in an American restaurant and she said "give us two beers" instead of "two bills". In so doing, she did cause embarrassment in the later conversation when the waitress served two glasses of beer towards her. However, as various researchers have observed, too much pronunciation on the speakers is likely to cause them irritation and annoyance. As a consequence, too much focus on pronunciation will discourage EFL learners from further speaking or contacting with foreigners.

2. Description & Analysis of Consonants

Consonants are sounds in which the air stream meets some obstacles in the mouth on its way up from the lungs, as learned previously. Most consonants are not as smooth-sounding as vowels; they pop, hiss, snap, or hum. The table below shows the phonemic symbols for American English consonants. Most words in English contain at least one consonant, and some may contain many more. According to Celce-Murcia (2010), phonologists classify consonants by describing these three sets of categories: voicing; place of articulation and manner of articulation. All consonants are classified in place of articulation and manner of articulation. The Chart 2 and Chart 3 shows the exact transcript of all consonants which are highly useful when teaching NAE consonants.

Chart 2

The Consonants of North American English and Their Phonemic Symbols (Based on the Symbols Used in Teaching Pronunciation)					
Phonemic Symbol	Examples	Phonemic Symbol	Examples	Phonemic Symbol	Examples
/b/	boy, cab	/z/	200, buzz, goes	/l/	long, full
/p/	pie, lip	/s/	see, city, bus, thinks	/r/	run, car
/d/	dog. bed	/ʒ/	leisure, beige	/w/	win, swim, away
/t/	toe, cat	/ʃ/	shy, dish, special	/y/	you, loyal
/g/	go, beg	/h/	his, ahead	(/hw/)	(which, what) (Most speakers of both American and British English do not use /hw/ as a separate phoneme. They use /w/ instead.)
/k/	cat, kit, back	/dʒ/	joy, giant, budge	^	^
/v/	view, love	/tʃ/	cheek, watch, cello	^	^
/f/	fill, phone, life	/m/	me, seem	^	^
/ð/	the, bathe	/n/	no, sun	^	^
/θ/	thin, bath	/ŋ/	sing, singer, think	^	^

Chart 3

Manner of Articulation	Place of Articulation						
	Bilabial	Labiodental	Dental	Alveolar	Palatal	Velar	Glottal
Stop Voiceless Voiced	p b			t d		k g	
Fricative Voiceless Voiced		f v	θ ð	s z	ʃ ʒ		h
Affricate Voiceless Voiced					tʃ dʒ		
Nasal Voiced	m			n		ŋ	
Liquid Voiced				l	r		
Glide Voiced	w				y		

Classification of NA E Consonant Phonemes

Many of the consonants of English form pairs—a voiced and a voiceless sound that are the same except for voicing. For example, /b/ and /p/ are identical except that /b/ is voiced and /p/ is voiceless (Notice that one of these pairs—the voiceless sound /θ/ and the voiced sound /ð/—are both spelled with the same two letters: th). However, the voiced sounds /m/, /n/, /ŋ/, /l/, /r/, /w/, and /y/ have no voiceless counterparts, and the voiceless sound /h/ has no voiced counterpart. Consonants can be illustrated as follows.

(1) Place of articulation (Where). Consonants can be classified by referring to the parts of the articulatory system which are active when speakers produce each sound. This is called the place of articulation including bilabial (/p/, /b/, /m/, and /w/); labiodental (/f/ and /v/); dental (/θ/ and /ð/); alveolar (/t/, /d/, /s/, /z/, /n/, and /l/); palatal (/ʃ/, /ʒ/, /tʃ/, /dʒ/, /r/, and /y/); velar (/k/, /g/, and /ŋ/); and glottal (/h/).

(2) Manner of articulation (How). This tells how speakers produce a particular consonant sound—whether it comes out smoothly or roughly, whether it's like a pop or a hiss or a hum. The manners of articulation for English consonants contain stops (/p/, /b/, /t/, /d/, /k/, and /g/); fricatives (/f/, /v/, /θ/, /ð/, /s/, /z/, /ʃ/, /ʒ/, and /h/); affricates (/tʃ/ and /dʒ/); nasals (/m/, /n/, and /ŋ/); liquids (/l/ and /r/); and glides are also called semivowels /w/ (which sounds like a quick /uw/) and /y/ (which sounds like a quick /iy/).

(3) Effect of Environment.

a. Voiced stop consonants are not aspirated while voiceless ones are (when at the beginning of words and stressed syllables). (For example, not aspirated: boy, dog, gap; aspirated: puppy, tired, cake.)

b. Stop consonants are usually unreleased in final position. (For instance, cup, sit, bike.)

c. Medial /t/ becomes a flap when at the beginning of an unstressed syllable and occurring between two voiced sounds. (For example, better, water, matter, butter, etc.)

d. When the consonant /t/ or /d/ is produced before syllabic /n/, the sound is glottalized. (E. g. partner, sadden, tighten, pardon.)

e. The main difference between voiced and voiceless final consonants is the length of the vowel that immediately precedes it. (E. g. pet, president, student; bread, Bob, sweet, it.)

f. When the syllable final /t/, /d/, /or /n/, is followed by unstressed /l/ or /n/, these latter consonants take on the quality of an entire syllable. (E. g. toil, dial, noun.)

g. The consonant /l/ tends to be pronunced as an alveolar sound when in syllable-initial position and as a velar sound when in syllable-final position. (E.g. as like, light, love; spoil, all, tall, soil.)

Pronunciation may be different in affected environment. Let's take consonant /l/ for example. Positional restriction can be different as followed.

a. syllable initial: lake, lime, laugh called dark "l";

b. Syllable final: pal, tall, sail called light "l";

c. Intervocalic: palace, failure, silly;

d. Initial clusters: blame, splint, flight;

e. Final clusters: milk, bald, melt.

Manner of articulation can be different too. For example:

a. Aspiration: pat, tan, cave;

b. No aspiration: bat, Dan, give。

So when teaching consonants, context or environment is very crucial to the place of articulation and manner of articulation.

3. Mini-Teaching Plan for a Pair of Consonants /s/ VS /ʃ/

According to Celce-Murcial's (2010), there are five steps concerning pronunciation teaching plan— "communicative framework" including description & analysis, listening discrimination, controlled practice, guided practice, communicative practice. Pronunciation teaching plan normally involves the following elements.

(1) Students.

My students as EFL learners belong to intermediate level since they are freshmen at the age of 18 or so coming from different parts of China, with different dialects and accents of mandarin. They have 12 years of English learning experience before they begin studying English in university. According to the *Teacher's Manual for Pronunciation Pairs* (1st edition), for the consonants, Chinese have difficulty with final consonants, may be dropped, especially after a diphthong, or short vowel may be added at the end. Great difficulty with groups of consonants: vowels often inserted between consonants in initial clusters, vowels added or consonants dropped in final clusters.

(2) Goals of the Lesson.

The integrated goal of the lesson is to improve students' pronunciation skills in consonants of NAE IPA, especially the most confusing consonant sounds so as to enhance their intelligibility, comprehensibility and accentedness in NAE pronunciation. Specifically, students are supposed to be able to pronounce consonants correctly and clearly in the contextualized environment concerning words and sentences.

(3) Teaching props.

Tools: IPA phonetic diagram, paper or puffy or feather, Teeth Modal, mirror, visual grams, software in computer, etc.

(4) Lesson.

It's hard to recognize sounds not in the first language. You may hear another sound (with nearby mouth position, such as sit–seat; ship–sheep; chip–cheap; slip–sleep; lip–leap; lid–lead.)

The "s" sound can actually be made two different ways: one with the tongue tip pointing up, and one with it pointing down to the teeth. I make the tongue tip pointing down. Notice how the corners of my lips are either relaxed "ss" or pull out "ss". This is different from SH, shhh, where the corners come in and lips flare. Let's compare some photos of the tongue position. You can see that not only is the tip position different, but the tongue position too. For the S sound, the tongue tip touches the back of the bottom front teeth. The front/middle part lifts a little bit. For the SH sound, the tongue tip lifts to the middle of the mouth. Though it stays forward, it's not touching anything. The front/middle part of the tongue arches up so it's very close to the roof of the mouth.

Listening Discrimination for Controlled Practice (5 minutes):

Listen carefully and repeat the following words aloud after me: shoe—ocean, sugar—nauseous, issue—conscious, mission—schist.

Let's look at the minimal pairs, listen and repeat loudly: she—see; shoot—suit, shock—sock; shine—sign, mesh—mess; shoe—sue; sip—ship; fist—fished; seep—sheep; dis—dish. Listen again and tell me which one I'm saying the first one or the second one by using your fingers.

Guided Practice: Students are required to do information gap exercise in pairs by using the following tongue twister.

Tongue twister for Student A (Read aloud and clearly twice):

She sells sea shells by the sea shore.

The shells she sells are surely seashells.

So if she sells shells on the seashore.

I'm sure she sells seashore shell.

Tongue twister for Student B (Fill in the missing words in the blank):

She ___ ___ ___ by the sea shore.

The ___ she ___ are ___ ___.

So if she ___ ___ on the ___.

I'm _____ she _____ _____ _____.

Student B (Read the tongue twister loudly and clearly):

Sally Shelly saw ships.

She saw seven ships.

She saw shiny ships.

Sally Shelly said she saw seven shiny ships.

Partner B (Listen carefully and write down the missing words):

_____ _____ saw _____.

She saw _____ _____.

She saw _____ _____.

Sally Shelly _____ she saw _____ _____ _____.

Communicative Practice: Tennis rhyming with the beginning sound of /s/ and /ʃ/ and see who gets the most points in pairs will win.

Follow up: Record yourself. Listen to yourself. Give yourself feedback. How fast can you go?

(a) I saw Susie sitting in a shoe shine shop.

Where she sits she shines,

and where she shines she sits.

The sun shall shine soon.

(b) Some sheep say shaving is seriously scary.

Some sheep say swimming causes shivering.

Some scientists say sheep shouldn't swim.

Some sheep say scientists shouldn't have sheep.

4. Conclusion

In most language classroom, it is not essential that the students be able to transcribe words themselves; however, the ability to read phonemic transcriptions will enable the students to comprehend the elements of pronunciation visually as well as aurally.

Methods designed to effectively teach pronunciation to university level nonnative speakers of English are described. Following a historical overview of educators' attitudes toward the relative importance of teaching pronunciation, teaching techniques that have been used in the past are surveyed. The relevance of the communicative approach is discussed. To apply this approach to the teaching of English pronunciation, four steps should be employed:

(a) identify sounds that are problematic for the class;

(b) look for contexts that naturally offer an abundance of lexical items with these target sounds;

(c) develop communication oriented tasks requiring the use of these words, and

(d) develop several exercises for each problem area to reinforce learning.

Several pronunciation exercises are presented to illustrate these principles. It is concluded that by making systematic use of communicative activities in the pronunciation classes, students can have the opportunity to practice pronunciation. In addition, movement harmonizing with sound is amazing when it comes to teaching consonants. As cited by Smotrova (2017) in *Making Pronunciation Visible: Gesture In Teaching Pronunciation*, "such coordination of speech and gesture hierarchies creates alignment between kinesic and linguistic stress, resulting in rhythmical cycles of body movement and verbal stress referred to by Condon (1976) as self-synchrony". As Morley (1992) claimed that by virtue of the fact speech production is the performance of a physical act (in fact, the execution of a very complex neuro-linguistic-motor act), oral performance experiences must be a central component of pronunciation/speech/oral communication work. Furthermore, an instructional program must go far beyond imitation, with a variety of activities that move from imitation to communication.

References

[1] BAKER A, GOLDSTEIN S. Pronunciation pairs: an introduction to the sounds of English: teacher's manual [M]. Cambridge: Cambridge University Press, 2008.

[2] BEISBIER, B. Sounds Great Book 2 [M]. Boston MA: Heinle & Heinle, 1995.

[3] MORLEY, J. Intensive Consonant Pronunciation Practice [M]. Michigan: University of Michigan Press, 1992.

[4] CELCE-MURCIA, M. Teaching pronunciation: A Reference for Teachers of English to Speakers of other Languages [M]. Cambridge: Cambridge University Press, 1996.

课程思政主导的《商务英语》课程育人建设报告：四位一体、三维生态、二元融合

刘重霄[①]

摘　要：课程以"全人教育"为目标，通过铸魂、造心、建体、塑形，形成产教学研课程模式及语言文化和区域化课程群，建构课程育人四位一体理论体系；通过创建深度学习过程模型、构建深度学习动力系统、搭建深度学习影响因素分析体系，建构商务英语课程群育人三维生态实践路径；通过采用"中西合璧、古今兼容"的二元融合运行方式，培养既有家国情怀又有国际视野、既精通英语又谙熟专业的复合型商务英语人才。

关键词：《商务英语》；四位一体；三维生态；二元融合

一、课程建设背景：大学英语课程育人面临的问题

大学英语课程校本特色不足、思政教育弱化、选材内容西化、教学模式老化，导致课程教学与育人脱节，人才培养低效、同质、虚化。为了改善这种局面，本成果力图解决以下问题：

（一）重教书，轻育人

大学英语停留在一般性语言知识输入和英语技能训练，育人意识淡薄，缺乏思想引领和价值观培育。

[①] 刘重霄，男，河北高阳人，首都经济贸易大学外国语学院教授，博士，硕士生导师。研究方向：翻译、商务英语等。

（二）无体系，缺深度

受片面工具论和应试思维影响，大学英语缺乏基于社会需求的目标定位、校本特色的内容设置和理论指导的育人模式与体系。

（三）形式单，资源少

依赖传统课堂和师生单向活动，忽略了产教学研的合力作用与产业、技术、区域等学习共同体要素的融入，社会协同育人效应有待提升。

二、解决问题的思路：理论探索、模式构建及相关实践

针对以上问题，本成果开展了以下工作：

（一）以问题为导向，以政策为依据，进行《商务英语》课程育人理论建构探索

问题研究：通过学校样本调研（问卷、访谈），发现了英语教学存在的问题；结合社会需求和学校定位，提出大学英语模块课教改思路；以《商务英语》模块课为载体，教书用心，育人有魂，打造金课。

政策依据：依据全国教育大会精神、国务院 2017 年发布的《关于加强和改进新形势下高校思想政治工作的意见》、教育部 2018 年发布的《关于加快建设高水平本科教育全面提高人才培养能力的意见》（以下简称"新时代高教 40 条"）、教育部 2020 年印发的《高等学校课程思政建设指导纲要》，以及新文科建设等提出的人才培养要求和"金课"建设标准，进行《商务英语》建设和育人实践。

理论探索：以"全人教育"为目标，引入课程思政和深度学习理论，秉承"和合"文化育人理念，设置育人过程、动力系统和分析体系，产教学研相融合，创建"四位一体、三维生态、二元融合"的课程育人模式（见图1）。

（二）结合财经特色和服务北京的人才培养定位，建构商务英语模块课"铸魂、造心、建体、塑形"四位一体育人理论体系

"铸魂"为根，通过外语思政和全人教育提升学生的思想水平和爱国热情，明确为谁培养人。"造心"为基，通过线上线下语言教学与实训、全球商务文化

输入与中国文化输出、师生协同双向驱动，扎实英语基本功和文化底蕴，打造语言核心竞争力和国际文化传播力。"建体"为本，以区域化课程群为载体，产教学研协同，经过专业知识输入、认知获取、国际商务交际模拟和实践锤炼，锻造学生国际商务交往能力和职业素养。通过实施"语言+专业"的内容设置和"理论+实践"的培养模式，明了培养什么人。"塑形"为美，利用现代教育技术，打造双师型师资、多元化学习项目和个性化辅导方式，开发学生潜力，创新培养

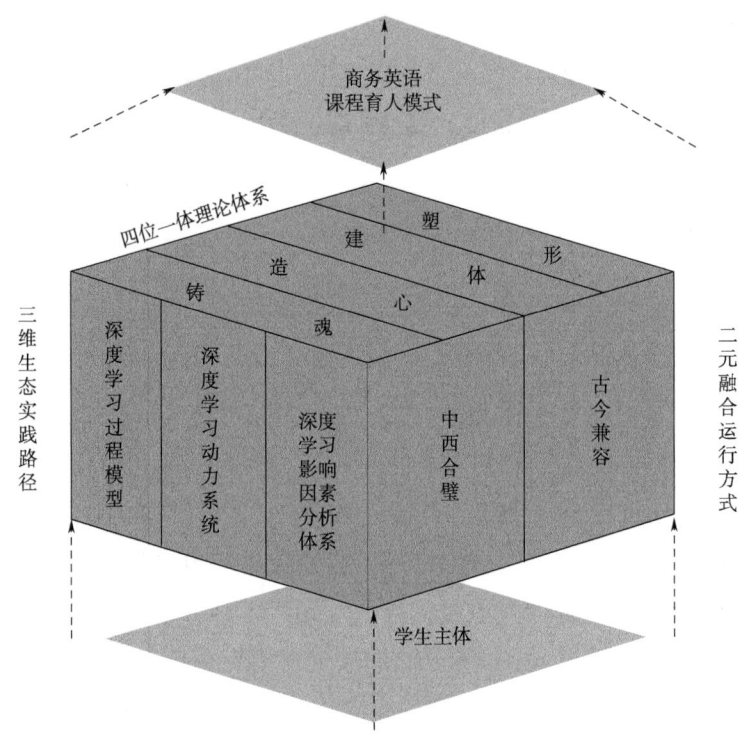

图 1　商务英语模块课育人模式

形式，明晰怎样培养人。

1. 铸魂：建设专业化引领性课程思政

课程思政体现为思政育人、专业育才两个方面，呈现在道德人、中国人、现代人、基本能力、专业能力五个维度，具体解构为世界观、人生观、价值观、爱国情怀、文化认同、政治认同、与时俱进的学习意识、守正创新思维等八种观念意识，以及理解能力、分析能力、解决问题能力、翻译能力、跨文化交际能力和商务沟通能力六种能力，培养学生的民族之魂和专业报国能力（见图2）。

课程思政包括课堂和课外两大教学体系。

课堂以教师主导、学生主体为特征。教师主导体现为选材（思政主题、商英内容、文化内涵）和设问（案例创设、话语引领，思维引导）。学生主体体现为选择性输入（信息甄别、加工过滤、知识获取），讨论式消化（语言交流、思想碰撞、知识内化），体验性参与（专业调研、项目设计、创作展示）。

课外体现为语言输出实践和主题学习。前者包括校内新疆班英语辅导、西部支教、国际会议语言服务、英语竞赛等，后者包括英语专题讲座、学习强国英语专栏学习、China Daily 新闻学习等。

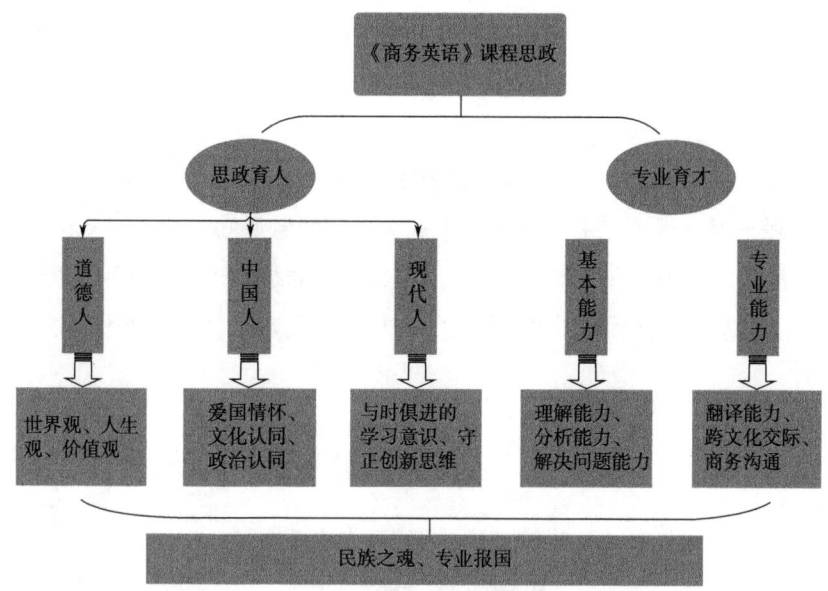

图 2　课程思政教学模式

自项目实施以来，学生更加关注英语课程中的中国元素，将英语学习与中国经济发展相联系。调查显示，95% 的学生认为思想水平得到了提升，89% 的学生反馈分析与解决问题的能力得到了提高。

2. 造心：打造商务英语核心竞争力和中国概念国际传播力

课程通过通用英语技能训练、商务英语应用实践和跨文化商务交际模拟教学模块组成多元、递进式教学体系，提升商务英语核心竞争力。从中国概念引进（理解与吸收）、语言转换（传播能力）与信息输出（传播效果）、国际融入（升华与创新）的一体化传播实践，提升学生中国概念传播力。

学生的语言能力得到有效提升，98%的学生达到了学校设定的英语能力标准，96%的学生能够达到《大学英语教学指南》中的基础目标要求。鼓励学生参与北京商务翻译及学校国际交流等实践活动，提升了国际传播力。

3. 建体：创建校本化产教学研育人模式和区域课程群教学内容

课程组参与学校"一带一路"人才培养基地、"京津冀"协同发展研究平台、北京自贸区语言服务研究中心等学术机构的活动，获批了"人机结合语言服务京津冀一体化建设"等教育部协同创新项目和3项教改立项，出版了3部教材，以研促教；以读书会为载体，将国际商务与语言文化传播相融合，提升商务英语人文内涵，拓宽语言文化研究领域，研学互补；利用校友资源，建立课程实践基地，打造"双师型"师资队伍，构建学生深度参与的"企业进课堂"、"企业文化传播"和"跨国企业本地化"等实践活动，创立实体企业，践行"学中做，做中学"的教育理念，产教学融合。

商务英语建设近10年，包括课程组开发的"财经英语看世界"慕课和"商学导论"线下课，设置了七大板块、十五大主题的专业知识架构，建设了具有经典性、前沿性、思想性和时代特征的三大资源库及试题库（见图3）。以该模块课程为核心，开发区域化模块课程，形成了对标地方需求的体系化课程群教学内容。

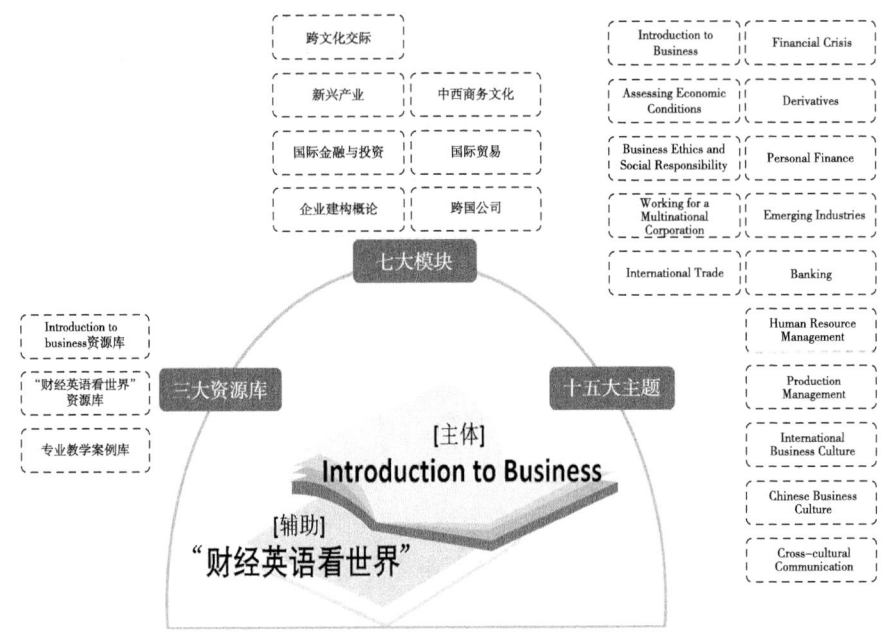

图3 商务英语专业性知识架构

调研显示，76%的受访学生表示课程群的知识性内容对其了解职场业务知识及未来就业有直接帮助。

4. 塑形：开发个性化针对性辅导项目

课程组联合教研室、党支部及优秀学生组建团队，通过开发学科竞赛辅导、晚自习英语辅导、课程平台听说、写作辅导和慕课答疑辅导等项目，满足学生个性化学习需求，因材施教。团队每年辅导多名学生参与商务英语实践大赛、北京市英语演讲比赛、全国大学生英语竞赛等；晚自习英语辅导实施多年，课程组创建了语音、词汇、口语、阅读、翻译、跨文化交际、英美概况7门网络视频课和雅思、托福2门微课的通用语言文化课程群；依托外研社U校园和批改网平台，布置听说与写作任务，进行网络辅导、答疑和反馈；"财经英语看世界"慕课在中国大学MOOC运行7期，答疑团队与学习者在线讨论、互动，推动了网络课程建设。项目化、输入驱动、动态提升辅导机制基本形成。

我国儒家思想以"全人发展"为教育目标，西方哲学以"完成人之所以为人"为教育使命。"铸魂、造心、建体、塑形"是对中西教育理念的诠释和解构，是指导课程育人的有效理论体系。

（三）以深度学习理论为指导，开展商务英语课程"三维生态"育人实践

依据需求分析、培养目标、"金课"标准，定位语言应用能力、国际商务素质、跨文化意识和家国情怀的培养，回归课程本真，创建三维生态育人实践路径。

1. 创建深度学习过程模型

将深度学习过程分为情景分析（学生需求+教师教学能力+教学设施及环境）、内容建设（实体课程+慕课+思政案例库+专业案例库+试题库）、知识构建（思想道德+英语能力+专业知识+人文素质）、迁移应用与创造（基于翻转课堂的多元化教学模式+基于应用能力培养的多样性实践活动）、评价与批判（线上+线下、形成性+终结性、主观+客观）等循环递进过程，创建深度学习过程模型。

2. 构建深度学习动力系统

深度学习是核心育人方式，通过内力牵引、外力驱动和技术推动发挥效能。

（1）内力牵引：学生自力、教师造力。课程建立了由思政引导的自我激励、过程评价的主体性学习、职业导向的专业能力培养体系；通过思政培训、业务进

修、专业能力提升（见表1），打造"四有"双师型师资，改善师风、教风与学风，形成牵引深度学习的原动力。

（2）外力驱动：课程黏力、教材定力。课程内容前沿，主题多元，思想创新，深浅兼顾，形成课程吸引不同层次学生的磁力；以《商务导论》经典教材为主导、《财经英语看世界》校本教材为辅助，案例库、资源库多校共享，保证教材内容守正创新与动态更新。

（3）技术推动：网络助力、虚拟增力。慕课建设、混合式教学应用推动该课程教学改革；市级语言教学示范中心商务英语虚拟实验室及相关项目有效推进情景教学和体验学习。

表1 师资培训情况（节选）

培训主题	培训内容
外语思政教育之师风传承	中国外语教育的历史发展、当前外语教育面临的问题、外语思政的内涵及课程思政实施路径
雄安新区访谈	白洋淀生态文明建设、中国红色文化的国际传播、生态文学团队建设
中国国际贸易服务会调研	中国国际贸易服务会语言应用情况、语言服务志愿者、中国国际贸易现状
京津冀协同语言服务	京津冀人机共译语言服务模式的设计与规划、校企联合师资打造的路径

3. 搭建深度学习影响因素分析体系

以情境（要素间的依存关系和关联构造），交互（学习主体、客体与媒介之间互动与影响机制）和思辨（目标、内容、过程、方式及效果的辩证性理解）为要素，探索《商务英语》课程教学中情景创设的问题、维度及任务，交互呈现的方式、界面及评价，思辨建构的层次、异质及程式，动态调整，保证深度学习育人的方向和社会效益（见图4）。

基于模式建构研究，课题组发表了《基于"财经英语看世界"慕课学习主体人文性建构研究》等10余篇论文，出版了《外语网络教学研究》论文集及3部专著；课程组所有教师都参与了北京市TEP应用能力提高、京津冀语言服务等项目，参与学生达约300余人次/学期。

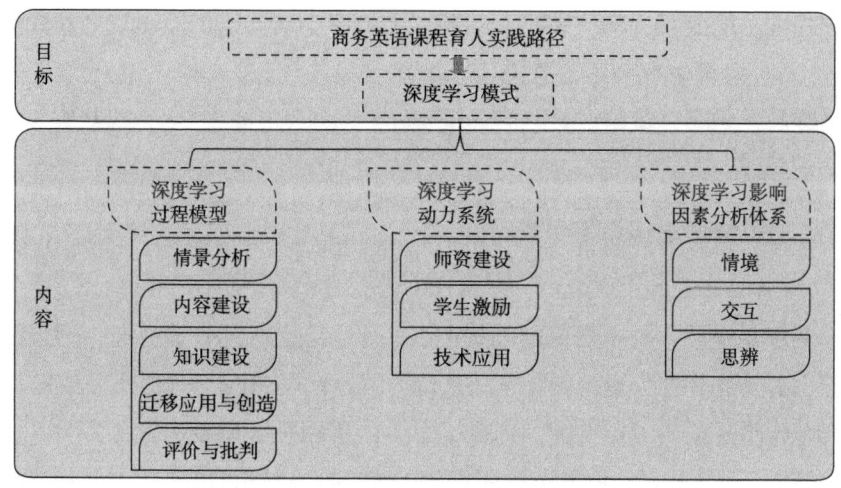

图 4　商务英语课程育人实践路径

（四）秉承"中西合璧、古今兼容"的包容思想，创新"二元融合"的课程育人运行方式

将商务英语（专业能力）与公共英语（人文通识）、教师主导（手把手教）与学生主体（探究式学）、输入式教学（重知识获取）与输出式教学（重能力应用）、实体课堂（真实有效）与网络课堂（实时互动）相融合，有效提升课堂教学效果；将思政育人（"四个自信"）与专业育才（创业创新）、中国商务文化与英语（语言+专业的复合型人才培养模式）、中国的创新性实践案例与西方的经典理论（西方理论本土化+中国本土实践理论化）相结合，培养学生的家国情怀和全球思维（见图 5）。

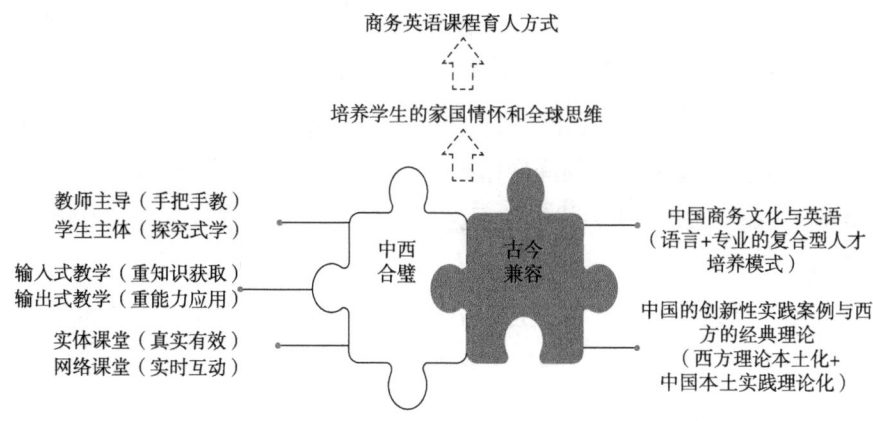

图 5　商务英语课程育人方式

方式方法的变革提高了课堂互动频率和效率。从英语辩论、演讲等课程活动观察，100%的学生参与了多维思考和解决方案的创建，70%以上的学生表现出辩证思维和二元融合策略。

三、课程应用效果与影响

本课程是全校本科生必修的公共英语模块课程之一；作为研究生财经知识和英语能力的补充，列为全校研究生的选修课程。针对MBA学生开设SPOC课程。作为翻转课堂建设的试点课程，提升了学生的国际思维和专业能力。

参照"金课"标准，商务英语课程2013年启动建设，2016年上线我校泛雅平台，学习者达20 285人次，课程评价5.0。2018年上线中国大学MOOC，开课7期，学习者达30 852人次。2019年启动校内SPOC教学，出版配套视频教材。

团队建设思政案例库（200份学习材料）、专业案例库（130个音视频及文字案例）和试题库（50套试题），有效实现了思政和专业导向的ESP大学英语教学。学生课堂参与率100%，听课抬头率明显提高。

通过发挥商务英语课程辐射效应，建设通用语言文化课程群和区域特色课程群，实现了课程建设思想创新、内容创新和形式创新。强调金课标准和思政教育，在主体课程基础上，辅助通用语言文化课程群学习，夯实语言基本功；赋值课程本地化和时代性，融入中国文化、"一带一路"、京津冀及首都语言服务需求等内容，拓展大学英语内涵和外延；将数字技术视为革命性因素，改革单一的实体课程，开发混合课程。

2020年疫情期间，全国40余所高校6 308人参加课程学习。作为全英文课程，被北京高校大学英语教育发展中心推荐到教育部高教司文科处，供世界各地学校开展教学使用，为世界教育提供中国方略。此外，课程团队编纂了《外语网络教学研究》论文集，服务疫情期间网络教学研究与交流。课程2020年获评北京高校优秀本科课程。2021年上线校学习强国号平台，获北京市教委推荐参评国家一流课程。

课程团队受邀到全国英语系主任教学研讨会、北京高校大学英语教学研究会等会议和机构分享经验；北京物资学院等多所高校来校调研学习。学校成为高等教育学会数字化课程分会首批理事单位。

成果得到了教育部外国语言文学类专业教学指导委员会多位专家以及高等教育出版社等单位的好评与推荐。用人单位对成果育人情况给予了高度评价，对学生在实际工作中财经知识的应用和商务英语沟通能力表示满意。

附：网络课程学生部分评价

"不同于一般的财经英语课程，制作的生活化情景对话小视频，通俗易懂，而且话题点可以选择设置，深度与广度相结合。课程内容十分丰富，对相关专业词汇的解释十分具体形象。"

"老师很专业，术语解读很棒，与课程紧密相关。"

"课程很贴合实际，图文并茂，偶尔还播放一些小视频，很生动形象，让学生接受起来欢快轻松，配上一些测试、讨论区，更能够加深学生印象，形式、内容丰富多彩，很值得点赞！！！"

大学英语"课程思政"的教学路径探索

杨 静[①]

摘 要：在大学英语教学中实施"课程思政"具有重要和深远的意义。本文从教学中融合"课程思政"目标，探索教材中的课程思政元素，改进教学方式增强思政效果，教学评价与课程思政相结合，提高教师的课程思政能力这五个方面阐释和探索了大学英语"课程思政"的教学路径。

关键词：大学英语；课程思政；教学路径

一、引言

2020年5月28日，教育部印发的《高等学校课程思政建设指导纲要》［教高（2020）3号］指出，全面推进高校课程思政建设是深入贯彻习近平总书记关于教育的重要论述和全国教育大会精神、落实立德树人根本任务的战略举措；高校要深化教育教学改革，充分挖掘各类课程思想政治资源，发挥好每门课程的育人作用，全面提高人才培养质量。同时强调，课程思政建设要在所有高校、所有学科专业全面推进。由于课程思政对大学外语教育的人才培养提出了新的目标和要求，转变教学理念、重构教学内容势在必行（刘正光、岳曼曼，2020）。因此，大学英语的课程思政已经成为广大英语教师的迫切任务和教学改革重点。

二、大学英语课程思政的意义

"课程思政"以构建全员、全程、全课程育人格局的形式将各类课程与思想政治理论课同向同行，形成协同效应，把"立德树人"作为教育的根本任务的一种综合教育理念。大学英语的课程思政建设可以说是因应国家政策指引的一种课

[①] 杨静，女，河北人，首都经济贸易大学外国语学院讲师，博士，硕士生导师。研究方向：大学英语教学、跨文化交际等。

程改革，具有重要的意义。

2014年上海市教育委员会出台《上海高校课程思政教育教学体系建设专项计划》，正式提出了"课程思政"的概念，课程思政旨在探索各学科在专业知识传授过程中引领、挖掘并融入各类思政教育元素，激发学生胸怀国家、爱岗敬业、乐于奉献的精神，培养学生科学思辨能力，实现立德育人的良好效果。

2016年12月，习近平总书记在全国高校思想政治教育工作会议上强调："其他各门课都要守好一段渠、种好责任田，使各类课程与思想政治理论课同向同行，形成协同效应。"2020年5月28日，教育部下发的《高等学校课程思政建设指导纲要》指出，课程思政建设内容要紧紧围绕坚定学生理想信念，以爱党、爱国、爱社会主义、爱人民、爱集体为主线，围绕政治认同、家国情怀、文化素养、宪法法制意识、道德修养等为重点，优化课程思政内容供给，系统进行中国特色社会主义和中国梦教育、社会主义核心价值观教育、法制教育、劳动教育、心理健康教育、中华优秀传统文化教育。该纲要细化了课程思政建设的具体内容。从国家政策上来看，课程思政建设对于高校人才的培养是重中之重。

三、大学英语教学中课程思政实施现状

（一）教材内容缺乏中国传统文化

当前，大学英语教材的版本很多，内容丰富，涉及面广，但是大部分教材都是从英美国家的各个方面来呈现相关的内容，引进的原版英文文章，体现的都是英语语言和文化，教材中涉及中国传统文化的内容很少。这就导致大学生对西方的文化了解多、认同多，但是对我们国家的传统文化知道得较少，并且也很难用英语表达出来。在现实生活中，很多大学生非常热衷于西方的节日，如圣诞节、万圣节、情人节等，却对中国的传统节日不够重视，导致学生的母语文化缺失。这和我国当前的教材缺乏中国传统文化内容有很大关系，这削弱了大学生对中国的传统文化、核心价值观和民族意识的认知和理解。

（二）教师的思政意识较薄弱

目前，很多教师并不是十分确定课程思政的内涵，有时候觉得自己很难对思

政元素有准确和科学的把握。部分大学英语教师也没有认识到课程思政的重要性，没有形成大思政观念，所理解的课程思政就是在课堂上偶尔提到一些思想政治方面的内容，穿插一些中国传统文化。要想在大学英语教学中渗透思想政治教育的内容，落实课程思政，就要求大学英语教师具备课程思政的意识，正确认识到英语教学和思政教育的重要性，主动承担起思想政治教育的责任和使命，通过课程思政来提升大学英语教学的人文性和思想性，让英语教学的内容和内涵能够得到升华，取得更理想的教学效果。

比如，美国人认为美国是"例外之国""山巅之城"，是世界的榜样，如果我们不重视课程思政，不知不觉中就会助长学生的崇洋媚外的倾向，削弱文化自信，让学生沉浸在西方的话语体系之中，认为自己的文化一无是处。过去我们不够重视思政，教师主要关注如何把外国的知识、理念讲清楚；现在，我们必须引导学生认识到美国这种文化优越感的本质与危害。

（三）教师的思政能力不足

课程思政对大学英语教师的教学能力水平提出了更高的要求，而大多数教师的课程思政能力不足，较难实现英语课程思政教学的系统化设计和整体性设计。目前教师缺乏对思政课程理论和内容的系统学习，在实际的课堂教学中，只能很简略地提到与思想政治教育相关的内容，很难发挥出思政教育元素和内容的教育价值。因此，教师要积极学习"课程思政"的内涵和理论基础，了解思想政治教育的有效策略和方法，将思政内容有效地融入课堂教学中，利用多种途径拓展自己的知识面，关注文化现象、热点新闻和时事，挖掘出学生关心和感兴趣的热点作为切入点，适时地对学生进行潜移默化的影响。

（四）缺乏有效的思政教育方法和手段

目前，很多英语教师在将思政教育的内容和元素渗透到英语教学时，缺乏有效的教学手段和方法，没有从创新和有效的角度来探索有效的教学手段，习惯采用硬性灌输的方式进行教学。在大学英语教学中渗透思政教育的内容和元素，需要探索出有效的教学手段和方法，这样才能真正落实课程思政。

四、大学英语课程思政的教学路径

（一）教学中融合"课程思政"目标

在教学中教学目标对课堂教学具有重要的导向作用，大学英语"课程思政"的主要目标是：将"课程思政"元素融入大学英语语言知识的学习中，熟练掌握语言技巧，利用中西方不同文化导入的方式，引导学生辩证地看待西方文化，增强对中国社会的传统文化、核心价值观和民族意识的认知和理解，强化道德意识和责任意识（教育部高等学校大学外语教学指导委员会，2020）。因此，课堂教学活动的设计都需要以教学目标为导向，在融入课程思政的教学中，一定要渗透思政教育的目标，围绕教学目标来设计相应的教学活动和教学任务，将思政教育渗透到学生的学习活动和任务中去，让学生在参与活动和任务中感受到思政教育，加强对传统文化、核心价值观和民族意识的认知和理解，强化道德意识和责任意识。

（二）探索教材中的课程思政元素

挖掘英语课程中的思政元素是关键。如何挖掘出大学英语教材中的思政元素呢？思政元素是教师开展课程思政的物质基础。通常情况下，大学英语课程中的思政元素是隐性的、潜在的，英语教师只有将蕴含于课程与教学内容之中的思政元素挖掘出来，才能以一定的方式实现课程思政。实际上，教师挖掘思政元素的过程，就是重构课程的过程。大学英语教师在挖掘课程思政元素、重构课程的过程中，要将课程中隐性的时代道德观念显性化。这些观念主要包括家国情怀、社会责任、道德品质、科学精神、人文精神、法治意识等（刘清生，2018；闫蕾等，2020）。孙有中（2020）从跨文化对比、价值观思辨、以外语表达中国文化和体验式语言学习四个角度提出了外语教材内容的思政融入路径，认为能够以此提升学生的文化自信、道德素养、人文精神和跨文化能力等。同时，当大学英语教材内容中没有明显的思政论题时，应挖掘其中的思政元素，因为话语、语篇等都可以反映一定的价值观和思政成分（黄国文，2020）。因此，教师需要在挖掘和积累蕴含丰富的思政教育元素的材料上下功夫，形成教师团队，系统性地整理好思政材料，从而实现富有成效的思政教学。

（三）改进教学方式，增强思政效果

教学中的课程思政要求教师对传统的教学方式进行改革和创新，以便增强课程思政的效果。在思政教学实践中，教师尝试探究式、调研式、小组合作、自主学习等学习方式，培养学生的分析、整合、思辨、合作、自学能力，从而全面提升学生的知识、能力和素质。在思政教学过程中，教师引入"思政"元素帮助学生树立中华文化情怀、提升文化自信，培养出不盲目崇外的文化自觉及文化修养。

（四）教学评价与课程思政相结合

课程思政的有效实施离不开完善的教学评价。教学评价要和课堂教学的目标以及课程目标保持一致性，教师要从课程思政的角度出发来确定教学目标，将课程思政的理念落实到教学目标中。以往对学生的评价比较单一，现在在课程思政的教学过程中要结合思政建立多元化的形成性评价体系，使评价体系包含思政教育的特征。教师要将思政内容、思政活动、思政任务与形成性评价、终结性评价合理地结合起来，通过改进的教学评价体系，将思政教育融入学生的专业学习、生活实践和个人成长中，促使学生形成正确的价值观、人生观和世界观。

（五）提高教师的课程思政能力

作为课程思政教学的推动者，教师是关键要素。一方面，外语教师应提高自身的政治理论素养、中国历史文化素养和对社会议题的敏感度（陈法春，2020），保持中华文化自信，践行社会主义核心价值观，增强民族自豪感和爱国情怀，以提升个人思政素养；另一方面，学校也应重视外语教师思政理论培训，通过定期示范学习和专家研讨等活动，帮助教师提高课程思政教学能力（肖玥瑢，2020）。除了课堂教学，文秋芳（2021）还强调教师言行对思政效果的影响，即要求教师在外在表现、精神世界和对学生的态度三个维度自我约束，以达到言传身教的思政教育效果。同时，大学英语教师也应持续关注和反思自我，不断完善自身人格，锤炼道德品格，进而提高挖掘思政元素的能力。

五、结语

综上所述，当代大学生作为实现中国梦和中华民族伟大复兴的主力军，肩负着

巨大的责任和使命。因此,将课程思政融入大学英语教学过程中,对大学生进行思政教育显得尤为重要。这也成为广大英语教师的迫切任务。习近平总书记指出:"一种价值观要真正发挥作用,必须融入社会生活,让人民在实践中感知它、领悟它……要注意把我们所提倡的与人们日常生活紧密联系起来,在落细、落小、落实上下功夫。"因此,大学英语教师要转变教学理念,提高课程思政教学能力,潜移默化地对学生的思想意识、行为举止产生影响,增强学生对国家、民族和社会的使命感和责任感,引导学生树立正确的世界观、人生观、价值观,最终实现全程育人、全方位育人。

参考文献

[1]刘正光,岳曼曼.转变理念、重构内容,落实外语课程思政[J].外国语,2020(5):21-29.

[2]习近平.把思想政治工作贯穿教育教学全过程开创我国高等教育事业发展新局面[N].人民日报,2016-12-09.

[3]教育部高等学校大学外语教学指导委员会.大学英语教学指南(2020版)[M].北京:高等教育出版社,2020.

[4]刘清生.新时代高校教师课程思政能力的理性审视[J].江苏高教,2018(12):91-93.

[5]闫蕾,郝卫东,詹思延.理论与实践并重:多元化提升高等医学院校教师课程思政执教能力[J].中国大学教学,2020(增刊1):77-80.

[6]孙有中.课程思政视角下的高校外语教材设计[J].外语电化教学,2020(6):46-51.

[7]黄国文.思政视角下的英语教材分析[J].中国外语,2020(5):21-29.

[8]陈法春.外语类本科专业课程思政内容体系构建[J].外语电化教学,2020(6):12-16.

[9]肖玥瑢.高校外语专业课程思政的探索实践[J].中国高等教育,2020(23):42-43.

[10]文秋芳.大学外语课程思政的内涵和实施框架[J].中国外语,2021(2).

[11]习近平关于社会主义文化建设论述摘编[M].北京:中央文献出版社,2017.

思政元素融入英语词汇教学管窥

高建平①

摘 要：本文主要探讨思政元素融入英语词汇教学的相关问题。由于词汇教学本身的高渗透性、强灵活性和多层次性，它势必可以作为思政元素的重要载体，帮助其有机融入英语课程之中。为实现词汇教学与课程思政的有机融合，取得二者相得益彰的教学效果，素材来源的选择、实例的取舍以及系统性的总体设计也是不可忽视的因素。

关键词：课程思政；词汇教学；英语课程

引言

新时代的外语教育肩负着培养时代所需合格人才的艰巨任务。合格的新时代建设者应该具备建设人类命运共同体、增强对外沟通与合作的能力；具备主动服务国家和地方经济、社会发展的能力；具备讲好中国故事的能力（蒋洪新，2018）。要达成这一宏伟教育目标，各个领域的教育工作者都必须努力寻找恰当的教学手段。在英语教育领域内，词汇教学几乎渗透到英语相关的所有课程。因此，探索如何将思政元素与英语词汇教学有机融合，应该具有较高的教学实践价值；其作为有助于达成上述教育目标的有效教学手段，具有较为广泛的运用前景。

---

① 高建平，男，山东滨州人，首都经济贸易大学外国语学院副教授，博士。研究方向：英语教学、应用语言学、翻译、社会语言学等。

一、词汇教学渗透性强，是思政元素的理想载体

众所周知，词汇在语言学习和教学中占据基础地位。"如果把语言结构比作语言的骨架，那么是词汇为语言提供了重要的器官和血肉"（Harmer，1990）。诸多外语类课程都与词汇相关。本文中的词汇教学，用于泛指涉及英语词汇的解释、说明或示例的各种相关教学行为。首先，与英语技能相关的听力、口语、阅读、写作、翻译等课程，几乎都会在课程内涉及单词的讲解，甚至很多相关课程的课本本身，也会保留类似"单词表"之类的模块。其次，即便与单词表貌似无缘的写作与翻译等课程，教师在讲解具体理论、列举实例或者讲评学生习作的时候，大都也会涉及单词的对比、辨析及示例讲解。最后，在英语作为内容载体的大多数专业课中，如语言学理论、文学理论、跨文化交际等课程，学生对概念的理解和对理论的把握也必然建立在词汇基础之上。教师对其中关键词汇的讲解虽不是课程主线，但往往不可缺少，否则学生理解的准确程度很可能受到严重影响。即便某些以汉语为载体的非英语相关课程，教师有时为了帮助学生更准确地把握某些关键概念，也会提及这些概念的英文名称或英文缩写。虽然该做法本身效果如何不在本文讨论范围之内，但却可以从某个角度有力地证明，英语词汇教学在大学课程体系中地位特殊，具有广泛的渗透性。

英语词汇教学广泛渗透于众多课程这一事实，恰好可以说明词汇教学在课程思政建设舞台上具有巨大的潜在价值。英语词汇教学有可能成为思政元素渗透性最好的载体，从而把课程思政更为广泛地贯穿于大学层面的英语教育之中。

二、词汇教学灵活性强，便于"润物细无声"

英语词汇教学量大面广，便于实现润物无声的思政元素融入。最好的课程思政教学应该润物无声，但思政内容与课程原有知识体系的完美融合，往往需要精挑细选、精细植入。由于学生培养计划一般会对各门课程设置严格的课时及必讲内容，课程的课时长短和容量多寡并不能任由授课教师随意调整。因此，思政内容的有机融入需要高质量的切入点；量大面广的英语词汇教学，凭借其数量和范围上的优势，恰恰最有可能提供这样的切入点。

英语课程中的词汇教学量大面广。无论何种英语课程，几乎都会遇到需要讲

解词汇的教学场景。听、说、读、写、译各类语言技能课显然离不开词汇这一基础；即便是以英语为载体的各类专业性内容类课程，考虑到英语作为外语的客观条件及学生的实际接受程度，仍需要时常穿插词汇的讲解。尽管侧重不同、多寡各异，但某种程度上的词汇教学应该是绝大多数以英语为教学对象或以英语为教学手段课程的共性。各类词汇教学量大面广的固有性质，可以在教师寻找恰当的思政元素植入点时提供宽广的备选空间，为原有教学内容中有机融入思政元素确定合理的植入切口，降低操作难度，改进植入效果，最大限度地使二者有机融合，实现润物无声的教育效果。

尽管从宏观上看英语词汇教学量大面广，但具体到每一个词汇元素，知识点却短小精悍，其本身在体量上远远小于完整的语句、段落和文章。由于词汇知识点个体体量较小，其增减、组合、调整所可能导致的课堂时间安排变化也会相应较小，对课程整体内容的进度影响相对可控，一般无须变动课程原本的内容框架，即可完成课内思政元素与原有内容的融合，这也是思政内容润物无声的一个重要条件。

词汇教学中例证法应用广泛，这一方法尤其适合灵活引入思政元素。绝大多数教师都认可恰当示例对词汇教学的关键性作用，为帮助学生深入理解某些单词、概念，多数教师会给出更多包含这些单词、概念的其他示例。词汇教学本身离不开语境，孤立的单词识记一般耗时费力且效果不尽如人意；而示例本身性质决定了其语境的创设可以相对独立于其他课程内容。充分利用示例的这一特性，词汇教学可以较为方便地引入某些内容上与课程本身内容有距离，但却可以非常有效融入的思政内容。当然，此类例证不宜过多、过长，否则可能干扰学生对课程内容内在逻辑的理解；换言之，例证法的运用应收放有度，不提倡例证过于庞杂。

三、词汇教学层次丰富，适于融合各种类型思政元素

词汇教学本身即存在多个层面，各个层面都可以找到与其匹配的思政元素。比如，从较为宏观的词汇教学方法论层面，就可以找到很好的思政元素融入途径，简单举例如下。在讲解英语词汇的词素、词根、词缀等词形构成概念的时候，教师可以很自然地与汉字六书进行比较。通过这种词形构成理论上的对比，一方面可以加深学生对英语词汇学本身概念的理解，另一方面也可以帮助学生进一步认识汉字的历史演进，增强民族自信心和自豪感，可谓一举两得。

文化层面的词汇教学也可提供良好的思政元素融入切口。从词汇教学实践层面而言，对词汇文化内涵的比较既是帮助学生透彻理解英语词汇的重要方法，也是通过词汇教学普及和弘扬中华文化的方便途径。

文化层面的词汇教学范围宽泛，容量巨大。例如，foreign 一词在英语文化中含有语义褒贬的色彩，对比中文近代"洋"与"外"二字在词汇内涵色彩方面的变迁，即可有力佐证中华人民共和国成立以来，尤其是改革开放以来，我国在经济、社会发展等各个层面取得的巨大进步。

从个人实践经验来看，文化层面的词汇教学效果似乎好于单纯的词汇理论讲解。学生的年龄结构、兴趣爱好等非语言因素，往往会影响到词汇教学的效果。如果充分利用学生对新鲜事物、新鲜视角的兴趣，比较容易取得英语词汇教学和课程思政建设双赢的积极成果。总之，文化层面的词汇教学比较容易做到与思政课堂建设有机融合、相得益彰。

词汇教学的另一个层面是词汇产出性运用。如果教师引导恰当、帮助及时，学生可以较有效率地提高"讲好中国故事"的能力。所谓词汇的产出性运用，就是指学生通过说、写、译三种形式，运用恰当的英语口、笔语，表达思想、情感，传达信息，实现特定交际目标。

无论口语表达作业、书面习作还是翻译练习，内容设计应该是教师做好引导工作的重点之一。当然，若要使此类练习与思政元素更好地融合，可能仍需要不断地摸索与迭代。另一个较容易被忽视的要点与教师所提供的帮助相关。通过提供及时而恰当的关于练习的帮助，教师甚至可以引导学生的语言表达走向，从而使其更有针对性地练习"讲述中国故事的能力"。这里所说的帮助形式，不局限于关键词的提供和相应讲解，还应该包括更为直接的内容方面的提示。鉴于学生的年龄和阅历，教师帮助学生拓展思路、锻炼发散性思维能力应该是各类英语课程的应有内容之一。在学生就某一话题面临交际内容枯竭的时候，恰当的词汇或内容方面的提示，可以助其开阔思路，一般会受到学生的欢迎。这些提示内容的选择和设计，实际上也为思政元素的融入提供了良好契机。

四、应该注意的问题与讨论

思政元素与词汇教学的融合的确相对便捷，但为了获得更好的专业教学效果，更为润物无声地达成课程思政的目标，我们还应该注意如下常见问题。

第一，课程思政语言素材的来源选择应该较为谨慎。课程思政的内容选择往往容易得到应有关注，而其来源选择则往往得不到应有重视。由于东西方政治、历史、文化等方面均存在显著差异，很多思政元素的英文表达并不能简单地主观臆定；既不能想当然地根据自己的理解翻译，很多时候也不应当从国外期刊杂志、网络媒体等来源直接取用。

考虑到某些思政元素的政治敏感性，其英语语言素材来源最好选择国家自主信息来源，如《中国日报》社、新华社、CRI、CGTN等媒体机构。这些来源提供的思政元素英文素材不但权威可靠，更重要的是可以帮助教师尽可能避免错误。随着我国国家文化实力的日益增强，国内主流英文媒体的语言质量已经达到相当高的水准，而且在很多此类媒体网站上，还可以找到音频、视频等多种形式的高质量思政元素素材。

第二，例证选择应该力求与原课程内容主题相关，不可生拉硬拽。鉴于教学对象的年龄结构，即便在采用例证形式进行词汇教学时，最好也不要使用联系过于牵强的内容。一旦植入的材料脱离课程框架太远，可能会触发学生的逆反心理。这不仅可能会影响学生对思政元素的接受效果，甚至会影响课程本身内容的讲授效果。润物无声应该是词汇教学课程思政追求的最佳效果。

第三，思政元素例证内容的选择应力求趣味性与实用性相结合。对于任何教学素材，如果其本身缺乏趣味性，其对年轻学生的教学效果很可能将大打折扣。此外，内容本身的趣味性并非一成不变，如果教师能够富有技巧地设计出有趣的"形式"，原本枯燥的内容也会变为适合年轻学生口味的课堂亮点。思政元素的内容和形式是否会激起学生的兴趣，在很大程度上是一个动态的问题。不同专业背景、不同年龄、不同经历的学生，对同一内容或形式的反应可能存在巨大差异。增强驾驭这些差异的能力，需要教师日积月累的经验积累和不断的探索迭代。

第四，例证的实用性同样重要。所谓实用性，这里是指学生在日常生活中是否能直接或间接接触到。如果选择思政元素时较多考虑学生的常见场景、专业学习、重大事件、流行元素、重要新闻，那么这些元素的复现率会大大提高。在这种情况下，教师可以借助非课程相关的力量，改善教学效果。

第五，思政元素的融入应该有相对系统的规划。这种规划不仅限于思政内容本身，即思政内容本身应自成体系、前后呼应；在课程各个环节的设计上，也应该考虑系统性。比如，课上练习与课下作业内容的关联与互补就非常重要。好的设计不但可以提高特定时间内同一内容的复现率,而且在课程不同单元间,甚至在不同课程之间都可以做到无缝衔接、精准配合。这样的系统规划,一定会显著提高词汇教学和思政课堂的效果。

结语

新时代英语教育必须肩负起为新时代年轻建设者赋能的光辉使命。建设人类命运共同体呼唤实实在在的英语沟通能力。我们的学生如果要讲好中国故事,一方面需要培养扎扎实实的、以丰富词汇为基础的英语交际能力,另一方面需要真正了解我们自己的文化和语言。在这些方面,英语词汇教学与思政元素的有机融合将会大有可为。

参考文献

[1] HARMER J. The practice of english language teaching [M]. London: Longman, 1990: 158.

[2] 韩宪洲. 课程思政:新时代中国特色社会主义高等教育的理论创新与实践创新 [J]. 中国高等教育, 2020 (22): 15-17.

[3] 蒋洪新. 新时代中国特色外语教育:理论与实践 [J]. 外语教学与研究, 2018 (3): 419-420.

[4] 徐锦芬. 高校英语课程教学素材的思政内容建设研究 [J]. 外语界, 2021 (2): 18-24.

[5] 徐密娥, 李炯英. 国内英语词汇教学研究:回顾和前瞻 [J]. 外语界, 2007 (3): 69-74.

[6] 杨华. 我国高校外语课程思政实践的探索研究:以大学生"外语讲述中国"为例 [J]. 外语界, 2021 (2): 10-17.

《法国文学史及选读》课程思政挖掘
——以"《中国人信札》中对中国儒学的认识与思考"为例

于晨琦①

摘 要：《法国文学史及选读》是首都经济贸易大学外国语学院法语专业学生的通识教育必修课，是一门以法国文学史梳理与经典作品选读为主要内容的课程。在课程思政的大背景下，教师主动在授课过程中挖掘思政元素，旨在培养与树立学生的民族文化自信心与自豪感。本文以课程中"18世纪的法国文学"这一教学单元为例，通过介绍与讲解法国启蒙作家阿尔让在《中国人信札》这部作品中对中国儒学的思考，展示在外语文学类课程中融入思政元素的可能路径。

关键词：《法国文学史及选读》；课程思政；《中国人信札》；中国儒学

一、引言

《法国文学史及选读》是首都经济贸易大学外国语学院为法语专业的高年级学生开设的通识教育必修课，以法国文学史梳理与经典作品选读为主要内容。其中法国文学史梳理以时代背景、思想潮流、文学流派的介绍为主，力求使学生能够搭建起法国文学史的大框架。经典作品选读与赏析采用课下深度阅读与课上段落欣赏相结合的形式，力图让学生对法国文学有直观的感受。在课程思政的大背景下，本课程在授课过程中有意识地选取与中国文化有关的法国作家及作品段落，力求通过本门课程的教学，不仅能够使学生对法国文学史有系统的了解，为进一

---

① 于晨琦，女，黑龙江人，首都经济贸易大学外国语学院助教。研究方向：中法文化交流史，法国文学等。

步学习法语知识打下文学基础，而且能够在对法国文学与中国文化关系的思考中洞悉中国文化的优越性和影响力，加强自身文化自觉与文化素养。本文通过分析法国启蒙作家阿尔让在《中国人信札》这部作品中对中国儒学的认识与思考，探索在外语文学类课程中融入课程思政的有效途径。

18世纪时期，大批法国传教士开始涌入中国，法国本土乃至欧洲的"中国热"达到巅峰。在这一时期，无论在宫廷装饰、园林、音乐、绘画等艺术方面，还是在文学乃至哲学方面，与中国有关的一切在欧洲各国都备受推崇。18世纪的欧洲将"la chinoiserie"（中国风）当作上层社会的标志，而在这股热潮中，中国哲学占据了相当重要的位置。

阿尔让是法国启蒙时代的思想家、作家、哲学家，于1704年出生于普罗旺斯艾克斯的一个信奉天主教的贵族家庭。他在15岁时参军，1734年因伤退伍，之后旅居荷兰，开启作家生涯，《中国人信札》即是此期间的作品。《中国人信札》与另外两部作品《犹太人信札》和《神灵信札》一起，构成阿尔让最负盛名的作品——《哲学信札》三部曲。他的《犹太人信札》一经出版立即引起了广泛的轰动，连伏尔泰本人也评价它为"一部真正的天才之作"。受到《犹太人信札》成功的鼓舞，阿尔让在1739、1740年间陆续通过周刊的形式发表了《中国人信札》。18世纪的欧洲盛行书信体小说，《中国人信札》也属于这类文体。书中通过六位游历亚洲及欧洲不同国家的中国学者之间的通信，在描述各地风俗习惯的同时，对比不同国家的哲学体系，由此表达作者的哲学思想。

不同于启蒙时代其他哲学家，阿尔让在本书中更多地探讨了中国人的不同观点。本文将从两个方面进行论述：首先，阿尔让在书中借游历巴黎的中国学者——图索之口，阐释了自己对中国人的信仰及新儒学理论的看法；其次，本文的第二部分是关于本书中的两位中国学者——图索与陈渊哲，就传统儒学与宋代儒学的观点展开的辩论，以此探究作者对中国儒学的思考。

二、中国信仰及新儒学

在《中国人信札》中，作者阿尔让首先将中国信仰与欧洲教派进行了对比。这是法国启蒙作家在探究中国时的一种常用手段：以自己的思想体系和理论去对照中国的思想和理论，以便从中找出能够支持它们的证据。书中的第八封信，主人公图索指出在中国大体存在三类信仰：孔子，老子与佛。在之后的信件中，图索通过将他们与在巴黎主要的三个宗教派别进行对比，揭开了基督教在中国的友好面纱，"我承认到欧洲来之前，在不了解宗教争端所带来的种种弊端之前，我对基督教的评价颇好"（布瓦耶·德·阿尔让等，2013：61）。阿尔让信中描述了欧洲各教派之间的宗教斗争和迫害，通过与中国宗教宽容政策的对比，表达了对欧洲某些教派的批判。

另外，图索还在第三十六封信中谈到了中国人对孔子的尊重，虽然其目的是与后文法国人不尊重哲学家形成对比，但也同时表现了作者对中国这位"孔圣人"的理解和仰慕之情。阿尔让在文中写道，在孔子逝世的这些年中，他在中国的威望与光辉丝毫未减，他用自己的教义和理念影响了一代又一代君王。他们以儒治国，保证了百姓安居乐业，也确保了王权的稳定与国家的繁荣。为了表达对孔子的纪念，人们在他传道授业解惑之地——曲阜泗河附近，为他修建了孔庙，以安葬他的灵魂。可以看出，阿尔让对孔子有着十分深入的了解，同时他也很赞成中国人尊重孔子的行为，并认为这才是一国人民对待哲学家应有的态度。

在本书中，作者对中国儒学的思考主要体现在对宋代儒学（书中称之为新儒学，以区别于孔夫子的传统儒学），即以二程和朱熹为代表的"理学"的介绍，以及对传统儒学与宋代儒学间关于世界本原、宇宙形成等问题的辩论及思考。通过以下的论述，我们可以看出，阿尔让对中国儒学的认识带有西方思想体系的痕迹，这也是18世纪法国乃至欧洲的哲学家们的共同问题。

在第二十六封信中，图索详细介绍了程颢、程颐的理学理论与古希腊哲学家伊壁鸠鲁理论的相似性，以此证明新儒学的正确性。在图索看来，程颢、程颐与伊壁鸠鲁在时间与空间上毫无关联，然而几位哲学家对世界本原等哲学问题却有相似的看法，这足以证明这些看法的正确性。因此，本书的第二十六封信可看作是图索对自己支持理论的证明，从另外一个角度看也是对新儒学的介绍。这也是《中国人信札》中唯一一封详细介绍新儒学理论的信件，从中足见阿尔让在宋代儒学方面的造诣。

在这封信中，图索从以下几个方面对新儒学的理论进行了阐释。

首先是宇宙的构成及形成。信中写道，二程认为，在宇宙生成之初还没有形成天和地，物质以混乱的状态存在于中央的虚无中。在宇宙形成的过程当中，较轻的物质上升，较重的物质则聚集在空间的中央，因此形成了我们今天看到的宇宙。今天我们看到的世界万物之间的差别是由于构成它们的物质之间有区别，但由于这些物质拥有同一个来源，因此在世界万物的差别之间总有着一些性质上的联系。阿尔让在注释中写道，他对二程理论的了解主要来源于杜赫德神父的译作。这也是启蒙时代那些从未到过中国的欧洲哲学家们了解中国的唯一渠道，即借助于在华传教士所写的关于中国的著作。从以上对新儒学理论的解释可以看出，作者对其已经有了较准确的把握。在程颢和程颐的理论中，上述"同一个来源"即指"理"，理是世界万物的本原。宇宙由气和理结合而成，"事物之所以有不同种类，是因为气聚成物时遵循了不同的理"（程志华，2017：128）。而这个理是永恒存在的，"正是由于有此统一的理，才形成了阴阳之气，进而演化为天地万物"（程志华，2017：129）。

其次是天地的模型。图索在信中对程颢、程颐的鸡蛋模型做了简略描述，以此表明他们对天地万物和谐有序的看法。书中写道，二程认为，地由物质中较笨重的微粒构成，静止在宇宙的中央，另外一些较灵巧的原子围绕着地不停地运动，由此形成了天。天与地的相对关系就像鸡蛋中的蛋清与蛋黄。天就如同蛋清，围绕着蛋黄——地，不停地运动，而正是这种运动衍生出了四季，并形成了风云雷雨。

再次是人的形成。依照作者对二程理论的理解，宇宙中所有最好的部分汇聚形成了人类。人类是完美的，他们集天地自然之精华，反过来也为完善自然而尽力。

最后是对人类灵魂的看法。图索在信中写道，在新儒学的理论中，人由看得见的肉体与看不见的灵魂两部分构成。灵与肉的统一是人类存活并有感知的条件，当人类死亡时，灵魂与肉体则会分离。对于新儒学的以上观点，图索在信中还特意引用了罗马哲学家卢克莱修的论点来证明它们之间的相似性。如果说前文中，无论是对孔子的赞扬还是对佛教、道教的批评，其根本目的还是在与欧洲的对比中讽刺后者，那么本书中的第二十六封信则完全是阿尔让对宋代儒学的介绍。在这封信中，作者根据杜赫德的译作，详细介绍了新儒学，尤其是程颢、程颐的基本观点，并将它们与古希腊哲学家的论点进行对比，为读者呈现了一个全力捍卫新儒学理论的图索。通过以上的介绍我们可以看出，阿尔让对宋代儒学存在着误读。这种误读背后有着深厚的根源。一方面是由于作者素材的来源。当时的在华传教士们，出于为自己的传教事业辩护之目的，多多少少在各种著作中歪曲了中国人的信仰，并只选择有利于自己的部分加以介绍。而以这些著作为素材的欧洲哲学家们，只能在传教士们误读的基础上来理解中国的哲学和宗教。另一方面，也是最重要的一方面，无论是传教士还是欧洲哲学家，他们的思想体系与中国有着本质的差别，这就导致了在诠释中国的过程中，他们不可避免地会从西方的角度来理解，从而形成了对中国哲学的另一次误读。

当然，在第二十六封信中我们可以看到，虽然中国文化外传西方存在种种困难，但阿尔让对宋代儒学的很多理解依然切中要害。在之前的信件中，两位主人公图索与陈渊哲进行了一场关于新儒学与传统儒学之间的精彩辩论。两位学者都极力捍卫自己的学说，并试图找出对方的漏洞。从这个角度看，上述这封信仅是图索在这次辩论中的画龙点睛之笔。在下文中，我们将详细介绍图索与陈渊哲之间的辩论；通过这场辩论，我们会发现，作者并没有简单停留在仅仅了解新儒学观点的层面，而是对中国儒学进行了自己的思考。

三、传统儒学与新儒学的交锋

正如阿尔让在《中国人信札》的绪言中所说，"好长一段时间了，欧洲学者一直就中国学者究竟是无神论者，还是自然神论者而争执不休"（布瓦耶·德·阿尔让等，2013：40-41）。随着在华传教士，特别是耶稣会士的著作相继在欧洲出版，这个本属于"礼仪之争"一部分的宗教问题引起了欧洲学者的注意。他们相继以中国为例来证明自己的哲学思想，从而分成了支持中国人是无神论或中国人是自然神论两大派别。中国哲学，尤其是儒学因此在欧洲引起了诸多辩论。当然，阿尔让与启蒙时代的其他法国哲学家一样，对中国儒学不可避免地存在误读。然而，这些误读并不能掩盖作者对于中国儒学的了解和认识。另外，与当时很多的欧洲学者不同，阿尔让在《中国人信札》中似乎并未偏向这场辩论的任何一方。在本书的第七、十四及十六封信中，作者借书中的两位主人公——图索和陈渊哲之口，呈现了一场传统儒学与新儒学之间的交锋。在这场辩论的背后，是阿尔让对中国儒学的思考和对欧洲读者的良苦用心。

首先，书中的两位中国学者分别陈述了自己所捍卫学说的基本观点，即关于世界本原和宇宙形成的看法。在前文中我们已经提到，图索是一位新儒学家，即无神论者。他认为，世界的本原是理，也称太极，它是无意识的。理或太极弥漫于宇宙间，由它们而生出了万物。而另外一位中国学者陈渊哲则是一位捍卫传统儒学的自然神论者；他认为，世界的本原是天，也称上帝，他是有意识的、万能的，是独立于物质的第一原动力。世间万物皆由他创造，并且上帝惩恶扬善，管理着宇宙的秩序。无论传统儒学和新儒学对创造万物的上苍如何称呼，它是否具有意识才是两派学者的分歧所在。在上文提到的三封信中，两位中国学者主要就两个问题展开了辩论，即世界的本原和宇宙的形成。

关于世界的本原，传统儒学的捍卫者陈渊哲在第七封信中首先发难。他认为，主宰宇宙的力量不可能是唯物和无意识的。不仅如此，在信中，陈渊哲还援引了欧洲人对新儒学理论的看法来佐证自己的观点：

> 他们（欧洲人）认为它（新儒学体系）破坏了所有的美德，使人们犯下最严重的罪行，并使最猖狂的歹徒内心永久安宁，因为它的学说摒弃了神的意愿，也免除了来生的惩罚与奖赏。

简言之，对陈渊哲援引的欧洲人来说，新儒学的无神论没有来世的惩罚，也就纵容了人们在今生为所欲为。

对此，新儒学学者图索在第十四封信中进行了反驳。图索指出，在欧洲，也有很多学者信奉荷兰哲学家斯宾诺莎的理论，而他的观点与新儒学极其相似。对于自然神论的观点，图索在这封信中也做出了回应。他认为，如果真如陈渊哲所说，世界的本原是有意识的，那么随处可见的灾难和疾苦从何而来？对于图索的质问，陈渊哲的回答显得力不从心；他在第十六封信中承认，对于世间的灾难，他确实无法做出很好的解释。但这是由于自己的浅薄和知识有限，并不代表着传统儒学的理念存在问题。写到这里，似乎阿尔让也意识到了这种类似于强词夺理的解释并不能让读者信服，所以在信的末尾，陈渊哲说，这是他最后一次和图索谈论这个问题。

关于宇宙的形成，图索在第十四封信中承认，虽然新儒学的观点与伊壁鸠鲁派相似，但他本人仍认为斯宾诺莎的理论更具合理性。新儒学的理论认为，产生万物的太极在宇宙之初一直处于静止状态。对此，图索坦承他无法理解宇宙是如何从静止进入到创造万物的活跃状态的。关于这一点，显然斯宾诺莎派的观点更能让图索接受；他们认为，产生万物的最初的物质从过去到现在一直拥有创造万物所需的全部品质，并且也一直在运动之中。换言之，宇宙从过去到现在并没有什么改变，是一种永恒的存在，而这恰恰能解释图索关于新儒学中宇宙形成理论的疑问。但是，在第十六封信中，陈渊哲对上述两个学派的观点都进行了反驳。

正如图索的疑问，处于静止状态的物质在没有外界动力的情况下无法进入活跃状态，而在陈渊哲看来，这正好证明了一个具有意识的原动力的存在。而对于斯宾诺莎派的观点，陈渊哲一语道破了新儒学学者没有给予支持的原因：如果宇宙是永恒的，那世间万物就不会有变化，我们的祖先时代地球上存在的一切到今天也应仍然存在；按照这个道理，人类也不会死亡。这个推论已经明显地违背了常识，所以新儒学无法支持宇宙是永恒的这一观点。换言之，在宇宙的形成这个问题上，无论图索还是陈渊哲都认为新儒学无法自圆其说。

由以上辩论可以看出，无论是对传统儒学还是新儒学，阿尔让都进行了自己的思索。阿尔让借陈渊哲和图索之口，将自己对中国儒学的思考用辩论的形式展现在读者面前。我们将这场辩论的主要观点简单总结如表1所示。

表1 图索与陈渊哲辩论的观点总结

	图索：新儒学（即宋代儒学）	陈渊哲：传统儒学
世界本原	理/太极：无意识	天/上帝：有意识
宇宙形成	理生万物	上帝创造万物
主要分歧	创造万物的上苍是否有意识？	
辩论	有意识的上苍怎么会创造坏人和苦难？	无意识的上苍如何创造有意识的人类？
理论局限	宇宙如何从静止状态进入创造万物的活跃状态	无法解释世间坏人和苦难的来源

从表1可以看出，这完全是一场西方意识形态下的"中国学者"的辩论。18世纪法国哲理小说的主人公往往缺乏个性，只作为作者思想的传声筒而存在，图索和陈渊哲也不例外。而阿尔让关于中国儒学的思辨也体现了当时大多数欧洲学者的特点：用西方的思想体系来理解中国儒学的各种理论，由此形成了中西思想的碰撞。难能可贵的是，在这场辩论中，作者并没有一味地赞扬某一方的观点，也没有把书中的两位中国学者塑造成无所不能之辈。无论是图索还是陈渊哲，在辩论的过程中都坦承了自己支持的理论仍然存在不能解释的部分，而这些不能解释的部分恰恰体现了阿尔让对中国儒学的思考；它们既是作者的疑问，也是给读者的留白。正是通过这些留白，作者呈现了自己对双方理论的思辨，也体现了西方思想体系在消化中国儒学过程中存在的理论困难。

四、结语

在《中国人信札》中,阿尔让对中国人的信仰及新儒学(即宋明理学)的观点进行了较为详细的介绍。不仅如此,为了辩证地思考双方理论,作者还在《中国人信札》中安排了一场传统儒学与新儒学之间的辩论。可以看出,书中陈渊哲所代表的传统儒学的观点,如创造万物的上苍是否有意识、苦难的来源等,实际上更偏向于基督教的理论。在陈渊哲与图索的辩论中,二位学者向对方提问的逻辑也源自西方的思想体系。由此可见,虽然阿尔让试图在这部作品中介绍中国人的观点,但他的思考方式仍无法摆脱西方的影响。换言之,阿尔让用西方人的视角理解中国儒学,在一定程度上也就丧失掉了一部分中国儒学的精髓,或许这也是他对中国儒学的理解存在局限的原因之一。

因此,与其说阿尔让在本书中呈现了一场传统儒学与新儒学的辩论,不如说它更像是基督教与中国儒学的一次对话。通过披着"传统儒学"外衣的基督教观点与中国儒学理论的碰撞,作者在《中国人信札》中尝试为读者们介绍一种与欧洲宗教和哲学体系不尽相同的唯物主义观点。在《中国人信札》中,阿尔让通过中西对比,表达了自己对欧洲时弊和积习的批判;进一步地,作者更希望将中国儒学的观点呈现给读者,并期望读者能够在与欧洲的对比中形成自己的判断与思考。

阿尔让的《中国人信札》是《法国文学史及选读》课程在"18世纪的法国文学"这一教学单元中讲授的一部作品,通过对书中涉及中国文化及哲学的段落进行选读,教师将以上分析有机融入课堂教学当中。学生在了解18世纪法国文学、提高法语阅读等能力的同时,在教师的引导下思考18世纪中国文化外传法国的路径和方式。启蒙时期法国的"中国热"表明,当时的中国文化对欧洲产生了强烈的影响。然而,欧洲学者对中国文化的误读也在此过程中同步产生。通过对《中国人信札》这部作品的学习,教师希望学生在树立民族文化自信的同时,也能够更多地思考如何讲好中国故事、传播中国传统文化这一理论问题。

参考文献

[1] JDE BOYER J, D'ARGENS M. Lettres Chinoises [M]. Paris: Honoré

Champion Éditeur, 2009.

［2］阿尔让.中国人信札［M］.邵立群，王馨颐，译.北京：中央编译出版社，2013.

［3］程志华.中国儒学史［M］.北京：人民出版社，2017.

［4］钱林森.阿尔让对中国的想象和思考［J］.华文文学，2015（2）：42–49.

电影名字的翻译

王立华[①]

摘 要：作为一种大众文化的艺术形式，电影在中西文化交流中起着重要作用。翻译电影名字时，既要符合大众的欣赏口味，又必须注意审美取向。片名蕴含着作者的思考和心血，影片命名尚如此难，要传旨达意、形神兼备地将它翻译成另一种语言并非易事，而是一项十分重要且富于创造性的工作。本文立足于中英文的文化差异，探讨中英文电影片名翻译方法。

关键词：直译；意译；文化内涵

引言

中国是一个翻译大国，翻译在中国文化史上起着举足轻重的作用。中国译坛在改革开放后迎来了第五次翻译高潮。自此，翻译事业有了很大发展，翻译作品数量之多，涉及领域之广，为前四次高潮所不及。电影作为文化交流的一种形式，被大量引入，这就对电影名字的翻译提出了更大的挑战。

总的来说，电影片名翻译的方法主要有音译法、直译法、意译法、转译法、混译法、另译法。

1. 音译法

音译法是指按照原片名的读音直接译成相应的汉字。这种方法使用得较少，但又不可缺少。如果片名中的人名、地名是为观众所熟知的，或者是具有重要历史文化意义的，则应当采用音译。例如：《泰坦尼克号》(*Titanic*)，《卡萨布兰卡》(*Casablanca*)，《简·爱》(*Jane Eyre*)，《居里夫人》(*Madam Currie*)。

[①] 王立华，女，河北人，首都经济贸易大学外国语学院讲师，硕士。研究方向：外国语言学及应用语言学，科技英语翻译等。

音译保留了原片名的异域风味，形成大众效应。但是，在音译过程中，要注意两项原则：一是要以片名中该人或该地所在国的语言发音为基准；二是要使用一些人名和地名约定俗成的译法，必要时可查阅《英汉译名表》《英语姓名译名手册》《世界地名译名手册》等标准文献。

2. 直译法

直译是指根据原片名的词汇含义，并参照其结构形式直接翻译出来；或者在不违背原意的前提下，略微改变原片名的词序或结构，并同原片名保持总体上形式一致。当源语与目的语在功能上达到重合时，这是最有效的翻译方法。例如：《真实的谎言》（*True Lies*），《罗马假日》（*Roman Holiday*），《教父》（*The God Father*），《摩登时代》（*Modern Times*），《向武器告别》（*A Farewell to Arms*），《老人与海》（*The Old Man and the Sea*）等。

直译法有四大优点：一是简捷易行；二是保存了原片名的格调和"洋味"；三是可求得译名与电影内容的统一美；四是有助于不断引进新鲜生动的词汇。因此，在翻译过程中，凡是能直译的应尽可能直译。

3. 意译法

意译是指既根据原片名的词汇含义，又结合该影片的故事情节和思想内容，并参照文化背景等因素，进行片名翻译。由于文化的差异，中英文中有许多词汇的意义不完全对应或者根本不对应，形成"语义空缺"，给片名翻译造成极大的困难，在翻译过程中，不能一味地坚持原片名的形式，而应该采用意译法，以译入语的表达习惯为目的，对片名进行再创造，达到与原片名意义相符、功能相似的翻译要求，帮助观众真正领会原片名的内涵。例如，译者根据中国一个古老的爱情悲剧故事把 *The Waterloo Bridge*（滑铁泸桥）译成了《魂断蓝桥》，将 *The Bridge of Madison County*（麦迪逊乡村的大桥）译成《廊桥遗梦》，显得更加凄美动人。意译的目的在于寻求适当的译文以表达源语文本的精髓。同理，在将中国电影片名译为英文时，则完全抛弃中文名，另起炉灶，在理解整部影片的内容之后，提取电影的主旨，进行意译。例如，*Curse Of The Golden Flower*（《满城尽带黄金甲》），就呈现出浓烈的悲剧色彩。

意译法强调"得意忘形"，使译名既紧扣原片名，又与影片的思想内容相关联，从而起到深入传达原片内容、增强片名感染力的作用。

4. 转译法

不同语言之间，词汇用法、语言逻辑等也不一样，在翻译过程中，译者很难在汉英两种语言中找到词性完全相通、词义完全一致的词汇。为了使译文符合英文的表达习惯，在翻译中，我们不得不进行词类转换。《爱有来生》（*Eternal Beloved*）和《少年的你》（*Better Days*）片名的翻译，就涉及了动词变名词、形容词变名词的处理方法。

5. 混译法

混译，又叫兼译，是指将音译、直译和意译等翻译方法融合成一体，兼顾使用。如果原片名具有浓厚的民族色彩，或者包含了一些陌生的专有名词，如人名、地名等，采用音译、直译就可能不为观众理解。这种情况下就应该采用混译，对原片名作部分保留，或作适当的增补和修改。例如，将 *Schindler's List* 和 *The Philadelphia Story* 音译加直译成《辛德勒的名单》和《费城故事》；将 *Mulan*、*Sissi* 和 *Elizabeth* 音译加意译成《花木兰》、《茜茜公主》和《伊丽莎白女王》。另外，在中国文化中，《渔光曲》《摇篮曲》《思乡曲》等都为人们所熟悉，所以将 *Singing in the Rain* 译成《雨中曲》，既具有很好的音韵效果，又符合中国文化传统，易为观众接受。再如，汉语中"传"表示传记，常被用于文艺作品的名称中，像《水浒传》《阿Q正传》等。因此，一些影片如 *Forrest Gump* 和 *Gandhi* 就分别被译成了《阿甘正传》《甘地传》，在传递原片名信息的同时，又兼顾中国的文化传统。

6. 另译法

另译是指完全脱离原片名的形式和内容，以影片内容为基础，为影片冠以新的名称。如果译者认为原片名不够恰当，或者没有商业号召力，或者找不到适当的对应词汇，则会采用另译法。例如，将 *Rain Man* 和 *The English Patient* 另取名为《手足情未了》和《别问我是谁》，显然要比直译成《雨人》和《英国病人》有韵味得多。再如，将 *Ghost* 译成《人鬼情未了》，*Patch Adams* 译成《妙手真情》等，译名选词优美，恰到好处，生动形象地再现了影片的内容。另译是一个再创造的过程。译者通过另译，使译名在传达影片信息的同时，沟通观众情感，具有感染力和美学效果，充分发挥了电影片名的功能。

结束语

电影是一门综合艺术，而片名则在其中起着画龙点睛、提纲挈领的作用。译者在片名翻译过程中,要了解片名的特点,遵循一定的翻译原则,采用适当的翻译方法,并考虑到东西方文化差异及翻译的可接受性,使译名既传递影片的信息,又富有强烈的吸引力和感染力,既能引人入胜,又有助于提高票房收益。

参考文献

[1] 贺莺. 电影片名的翻译理论和方法 [J]. 外语教学, 2001 (1): 56–60.

[2] 宁之寿. 谈电影片名的翻译 [J]. 中国科技翻译, 1997 (1).

[3] 何宁. 英语电影片名翻译纵横谈 [J]. 中国科技翻译, 1998 (3).

An Analysis of the Necessity of Bob's Forgetting the Disaster
—Comment on David by Earle Birney

刘润楠

Abstract: Through reading between lines, the attitude of Bob towards David's death is analyzed psychologically and physiologically. Bob chooses to erase or at least to lock all those memories about the accident not because he is cold-blooded or indifferent but because he is spiritually weak and immature.

Key words: Bob; self-protection; weak; immature; disaster

"I was glad of the mire that covered the stains, on my ripped / Boots of his blood," and "I said that he fell straight to the ice where they found him." Through those lines, I can feel very clearly that the narrator really wants to forget the disaster, the last landmark of his youth though, maybe, unconsciously. But maybe someone will be puzzled or irritated by his indifference or inhumanity towards the death of David, his good friend or companion and in which he is guiltily involved. Or in another word, why does the narrator design to erase or at least lock all those memories about the accident not try to keep them alive in his mind? Is he really cold-blooded?

In my point of view, he isn't really cold-blooded and the reason why the narrator hopes to get rid of the tragedy can be given psychologically and physiologically in terms of

---

① 刘润楠,女,沈阳人,首都经济贸易大学外国语学院副教授,博士,硕士生导师。研究方向:手语语言学、心理语言学、应用语言学等。

the common sense and the narrator's own personality.

First of all, in the aspect of psychology, according to the general human drawback—self-protection, the narrator's behavior is totally understandable or natural. In his case, the humiliation or regret is so strong for him that be can't face the reality, other human beings or will never be courageous or brave enough to return to the society if he still carry that heavy cross, in other words, he will be crushed to die. Here are several examples to show how terrible he feels after the death of David. At first "my shame stung the tears to my eyes", which manifests how shameful he feels about his wrong doing and the feeling is mainly conveyed through his rebuking himself repeatedly. "I cursed myself" when he at first sees the miserable state of David. Then just before the narrator decides to push his friend, David, over the edge, he once more upbraids himself. "Ever then in the sun it grew cold lying there... And I knew / He had tested his holds. It was I who had not..." Secondly, he appears to be afraid, scared or timid. At the moment when David falls down a cliff, "I froze to the sound of grating" and when he runs away from the spot by "running and falling and running, leaping," — his nightmarish descent from the mountain, "panic was on me". And when I read between lines, I'm sure that the narrator just hopes to leave the guilt or disaster behind as soon as possible. Since a nightmare like that is too frightful or heavy for him. And even the narrator goes extremely fearful, not daring to face the cruel reality. He tells a lie that he'll ask for the help of the camp men and cradle David out. Next, he continues to comfort David by telling him that the bleeding will stop, which implies that David can survive. Although, on the surface, the narrator is just trying to soothe his friend, David, I dare suggest that he's cheating himself at the same time in order to reduce his panic, reproach and guilt. So in this sense, we can tell that the narrator is so vulnerable that he even retreats to his safe cocoon by playing a trick on himself. And, thirdly, the narrator also becomes very sensitive after the sorrow. "And found it... My feet squelched a slug and horror / Rose again in my nostrils." Here the narrator's sensitivity is expressed through a "horror" over the squelching of a small slug, which few people can notice, generally speaking. But only when a person who is very nervous, he or she is able to feel every trivial change happening around. Possibly, meanwhile, the squelching of the slug reminds the narrator of the consequence of his mistake — David's death. Next, the scenery in his eyes even transforms. Before the calamity, the mountain landscape seems like a living thing, energetic and purposeful. And the words used to portray the landscape, such as "flashing", "floating", "sprawling", "sunalive", present a vitality belonging to "the spirit and hardihood" of the young men. On the contrary, the sight turns gloomy, obscene and gray, just like the narrator's own emotion or sense.

The purple glimmer of toadstools obscene

In the twilight...

The grave-cold maw of the bergs churned... reeling

Over the sun-cantered snowbridge...

By the gloomy lake I sank and chilled

At last the mountain is "fanged" and "blinding." Fifthly, or in the end, the narrator even performs not very firm but soft or gentle before the misery. That happens when David and he find a wing-broken robin in grass. At that time, the narrator catches it and plans to tame it. Through this action, I can tell he is making a compromise, simultaneously, in his attitude towards life. Since that, I can't imagine that he'll choose to die, like David, if the misery of David happens to him.

In fact, I find contrasts between the characters of David and the narrator everywhere in this poem. Different from the narrator, David is determined, strong-minded, persistent and resolute. When the narrator curses himself, the first time, David says "No, Bobbie! Don't ever blame yourself! I didn't test my foothold," rather than blame the narrator or cry loudly. Through these lines, I observe David's calmness and sobriety even facing the most difficult or terrifying choice — death. It even reminds me of a traditional Chinese phrase, "look down upon death as going home" or the spirit of "bushido" in Japan. I know David, in fact, treats climbing mountains as not only his hobby, profession but also the soul of his life. He will not make an agreement with life or retreat a little in his pursue. To David, life is only once, and he's just born for climbing mountains or dominating mountains — the soul or essence of his life. So if this soul of life is gone, then the existence of the left crust of body will be meaningless or redundant. Other instances are as follows. Then he whispered, "Bob, I want to go over!" after the first time when David "murmured over... over," which is misunderstood by the narrator. And when the narrator once assures David that he may survive, David said only, "'Perhaps... For what? A wheelchair, Bob?' His eyes brightening with fewer upbraided me." Then after staying together with narrator, for a while. David breaks the silence again, "For Christ's sake push me over! / If I could move... or die..." Reading those words, I notice that David's desire to die is becoming stronger and stronger, clearer and clearer. Then comes the last moment, David ever "breathed, I'd do it for you, Bob." to encourage Bob to push him over him over the edge. And I examine once more the fervent love of David for mountains since he ever thinks that Bob himself also recognizes mountains with Bob's life because mountains are so attractive or marvelous. In another word, he believes that if the victim were Bob not he, Bob would entreat him or he himself would make his mind to the some thing. It's really the climax of the exhibition of David's steadfastness. I'd like to call it the last song of a swan. Just like the narrator, David reveals his strong-mind even before the tragedy. When the narrator plans to tame the hunted robin, David "took and killed it, and said, ' Could you teach it to fly?' " As a matter of fact, this action foreshadows David's strong determination given the same dilemma as the bird later in the poem.

As stated above, the cross of guilt is too heavy to the narrator, who is very weak spiritually in nature, especially compared with David. And out of the need of self-protection, the biggest defect of human beings, which the great hero, Sir Gawain, can't win, the pitiable narrator can choose only to drown that mortification to continue to live in the world.

I can understand the narrator's subconscious need to forget the disaster physiologically. According to a theory in physiology, there is a kind of losing one's memory and the reason for which is that the patient doesn't want to think of something terrible to him or her and as a result, they will forget all the things happened in the past. Though I can't diagnose that the narrator has lost his memory, he must feel like washing his ugly behavior away from his memory, maybe unaware of it. Though it's quite a psychological response, and no matter who you are, it will still affect, the degree of this response can be very different from each other since the will of individuals will vary very much. Besides that, I notice that the narrator can't compare with David or falls sharply behind David in the skill of dealing with mountains though at the first sight, both of them are very young and energetic.

How to use the give of shale for giant incredible...

An endless hour in the sun, not daring to move

Till the ice had steamed from the slate. And David taught me

How time on a knife-edge can pass with the guessing of fragments...

Ling ering

There it was David who spied to the south, remote,

And unmapped

At an out thrust we balked

Till David clump with his left to a dint in the scarp

Lobbed the ice axe over the rocky lip,

Slipped from his holds and hung by the quivering pick

Twisted his long legs up into space and locked

To the crest. Then grinning, he reached with his freckled wrist

And drew me up after.

And ever till the accident happens, it's always David who is helping the narrator. In this sense, I have sufficient proof to demonstrate that the narrator is a real green hand in the aspect of doing with mountains, especially, covered by David's outstanding techniques.

As stated above, as a common member of the human society, the narrator, Bob, will probably choose to break the bondage of guilt or forget the disaster out of the reason of self-protection and psychological response; as a weak and immature individual, Bob has to behave in the way stated above — he can only call it "the last of my youth".

Reference

杨俊峰，马爱华. 加拿大英语诗歌透视[M]. 沈阳：辽宁人民出版社，1996.

课程思政理念在大学英语教学中的实践研究

王 鹏[①]

摘 要：自习近平总书记提出教育的根本是解决"培养什么人，如何培养人和为谁培养人"以来，各高校积极研究如何把思政元素融入课程教学中，更好地实现教书育人的目的。本文就课程思政的缘起、必要性进行阐述，并结合自身的教学实践实例进行展示和思考。

关键词：课程思政；大学英语

习近平总书记在关于立德树人的重要论述中一再强调：教育的根本是解决"培养什么人，如何培养人和为谁培养人"。课程思政就是在专业课程教学中加入思政教育元素，以实现"润物无声，立德树人"的目标（张于，王舵，2018）。

为了积极响应上级的号召，目前各个高校都在提倡并且研究如何把思政元素融入课程教学中，创建有效的课程思政模式，更好地实现教书育人的目的。

一、课程思政的理解

（一）课程思政的起因

2012年11月召开的党的十八大，标志着中国特色社会主义进入新时代，大会提出了把立德树人作为教育的根本任务。2012年11月29日，习近平总书记参观《复兴之路》展览，提出了中华民族伟大复兴的中国梦。从党的十八大、

---

① 王鹏，女，北京人，首都经济贸易大学外国语学院讲师，博士。研究方向：基础英语，金融学，高等教育学等。

2016年的全国高校思政会、2017年党的十九大、2018年北京大学师生座谈会、2018年9月全国教育大会、2019年3月的学校思政课教师座谈会到2019年4月纪念五四运动百年大会，习近平总书记都有相关重要论述。高校的立身之本在于立德树人。要以培养担当民族复兴大任的时代新人为着眼点，把立德树人作为根本任务和中心环节，在教育教学的全过程中始终不忘思想政治工作，把培养各方面全面发展的合格的社会主义建设者和接班人作为根本任务，把服务中华民族伟大复兴作为教育的重要使命。

（二）课程思政的概念

课程思政是在全面加强思想政治工作的大背景之下，在加强并改进高校思想政治教学过程中，以及在进一步强调其他课程必须与思想政治教育课程同向同行、协同发力的形势下提出的（刘建军，2020）。课程思政即指在高等教育课程的建设中对学生实行思想政治教育。就其本质来说，课程思政不是具体的课程，而是一种教学理念。课程思政强调在专业课程中挖掘思政理念元素，在教学内容和教学模式上实施变革，让思政教育与专业课程结合起来（马晓薇，2020）。"课程思政"这个词条可以拆分为"课程"和"思政"两个词，其中"课程"是关键，"思政"是侧重（宋春霖，2020）。但是，课程思政并不是"课程"与"思政"两个词的简单融合。"课程"本身就包含着思政教育的一些内容和素材，而"思政"并不能只依靠思想政治课来落实到高等教育体系中。相较而言，更应该将思政元素渗透到学科教学之中，通过日常的教学来巩固、深化、渗透。

二、在大学英语中实施课程思政的目的和意义

随着社会形势的不断变化和发展，高校作为培养社会主义建设者的主要阵地，理应帮助学生树立正确的世界观、人生观和价值观。2016年12月，习近平在全国高校思想政治工作会议上强调："思想政治理论课要坚持在改进中加强，提升思想政治教育的亲和力和针对性，满足学生成长发展需求和期待，其他各门课都要守好一段渠、种好责任田，使各类课程与思想政治理论课同向同行，形成协同效应。"时代在发展，高校思政教育面临着新的环境和挑战，思政教育不应仅仅

限制在思政课上,我们应该将各个学科都与思政教育联系起来,全面加强思政教育,切实做到全程育人、全方位育人。课堂教学是大学生学习文化知识最主要的场所,更是帮助其树立社会主义核心价值观的关键渠道,因此将思政教育融入课堂教学设计中具有重要意义。英语教学本身就是一种文化教学,涉及不同文化之间的传播与交流,它与学生的思想发展息息相关;与此同时,大学英语课程具有课时跨度长的特点,因此充分挖掘该课程所蕴含的思政元素,有利于潜移默化地帮助学生树立正确的价值观念。

三、课程思政建设下的大学英语教学实践

采用合理的教学路径,是确保课程思政建设下大学英语教学取得良好教学效果的重要保障。本文以《全新版大学进阶英语综合教程》第二册的第一单元教学内容"实现可持续性发展的环保主义"(李荫华,2019)为例,详细说明课程思政建设下大学英语教学的具体路径。

(一)课前资源准备

教学资源是顺利开展大学英语课堂教学、有效完成各项教学任务、充分实现课程教学目标的前提条件。因此,在课前认真准备好教学所需的各项资源具有非常重要的意义。根据《全新版大学进阶英语综合教程》第二册第一单元的教学内容"实现可持续性发展的环保主义",我们可准备以下教学资源:图片资源、视频资源、音频资源、多媒体资源、题库资源、思政资源。其中,图片资源主要包括空气污染、水污染、土壤污染、乱砍滥伐、野生动物灭绝等环境污染、环境破坏的相关图片;视频资源主要包括关于环境保护的英语演讲视频等;音频资源主要包括介绍"世界环境日"的英语音频等;多媒体资源主要包括上课所需的教学课件等;题库资源主要包括课程所需的讨论题、判断题、作文题、课后练习题等;思政资源主要包括党的十九大报告中关于"坚持人与自然和谐共生""加快生态文明体制改革,建设美丽中国"等论述,中国在保护生态环境中所做出的积极努力及所取得的显著成绩,中国典型环保人物及其先进事迹以及严重破坏生态环境的违法案例等。

（二）课堂教学开展

课程思政建设下的大学英语课堂教学主要包括传授英语语言文化知识、培养学生的语言运用及批判思维等各项能力以及课程思政教学。在本单元的教学中，结合所学课文内容"实现可持续性发展的环保主义"，可以采用以下教学步骤来开展课堂教学：①课程导入；②观看视频；③课文讲解。课程思政可以贯穿于各个教学步骤之中。将思想政治教育有机融入专业教学中，有助于实现课程思政与专业教学的紧密衔接，达到课程思政"盐溶于水"、思政育人"润物细无声"的教学效果。

1. 课程导入

通过观看空气污染、水污染、土壤污染、乱砍滥伐、野生动物灭绝等环境污染和环境破坏的相关图片，以提问的方式启发学生思考人类生态环境所面临的严重危机以及全球共同保护环境、保护自然的重要性和紧迫性，导入本课主题。观看环境污染和环境破坏相关图片、启发学生思考环境危机和环境保护等教学活动，积极引导学生了解环境污染之害，激发学生强烈的环保意识，引领学生牢记保护环境的重要性和紧迫性，使学生在日常生活中肩担环保之责，坚定环保之行，提高学生的思想觉悟、道德水准、文明素养，增强公民责任意识，从而使思想政治教育有机融入其中，在潜移默化中达到教书育人的效果。

2. 观看视频

通过观看环境保护英语演讲视频，引导学生就保护环境的有效措施进行小组讨论，然后邀请各组代表就讨论结果进行课堂陈述。之后，教师就各组的讨论及各代表的陈述进行点评和总结。一方面，用英语进行主题讨论及陈述，有利于培养学生运用所学语言知识清晰表达思想和观点的能力，有效提高学生的英语口语水平及口头表达能力。同时，小组主题讨论、个人课堂陈述、老师点评总结相结合的教学形式，能有效促进学生与学生之间、老师与学生之间的交流和互动，充分发挥教师的主导作用，确立学生的主体地位，激发学生学习的主动性和创新性，培养学生的自主学习能力和创新能力。另一方面，通过开展对环保措施的主题研讨及课堂陈述，有助于学生广泛了解保护环境的有效措施。此外，将课程思政有机融入，呼吁学生积极承担起自身的社会责任，将这些保护环境的有效措施运用于生活实际中，可以充分调动学生时刻保护生态环境的积极性和主动性，推动其为保护生态环境做出贡献。

3. 课文讲解

课文讲解是课堂教学的重点之一，主要内容包括：通过引导学生采用合适的阅读技巧对课文进行有效阅读；结合教师对课文内容的讲解与分析，使学生深入理解文章的内容；在前述基础上，引导学生对文章的中心论点进行归纳、对文章的结构进行分析，使学生对所学课文实现整体上的理解和把握，然后通过对文章的知识点进行深入细致的讲解与分析，引导学生学习和掌握重点词汇、句型、语法以及修辞等语言知识点，使学生对文章的细节进行全面的掌握；最后，引导学生对文章的写作模式进行提炼与总结，学习实用的英语写作技巧。以上的一系列教学活动，不仅能使学生掌握大量的知识和信息，还能有效提高学生的各项语言运用能力，尤其是英语阅读能力和英语写作能力。

同时，在对课文内容进行讲解和分析时，可将相关的思政内容有机融入其中，以我国的一些环保杰出人物及其先进事迹为案例，对学生进行思想政治教育，引导学生充分认识这些环保杰出人物为保护人类环境所做出的巨大贡献，深刻理解这些环保先进事迹所蕴含的思想内涵。号召学生以环保杰出人物为榜样，承担起保护环境、保护自然的社会责任，为人类的环保事业做出积极的贡献。将这些相关的典型案例与课文教学进行有机融合，有助于教师在传授专业知识的同时，让学生深刻体会这些环保杰出人物所具有的为保护生态环境、保护自然无私奉献的伟大精神，引导学生树立为保护人类环境而努力奋斗的理想和信念。与此同时，通过介绍一些严重破坏生态环境的违法行为，积极引导学生对这些违法行为的严重后果进行反思，使学生了解爱护环境、保护自然是每个公民的责任，严重破坏生态环境的违法行为必将受到法律的制裁，培养学生的公民责任意识、环保法律意识。

（三）课后教学安排

"实践中萃取的宝贵精神财富一定要用实践性教学模式进行还原，将课上知识学习与课下体验进行协同，将校内学到的知识、形成的认识与校外的实践活动进行协同，把知识和认识转化为行为，达到知行合一的教学效果"（韦颜秋，2020）。课程思政建设下的大学英语教学，应注重课堂教学与课后实践协同发展，使学生将课堂所学的专业知识和思政知识运用到课后实践中，从而有效增强课程教书育人的效果。例如，完成本单元的教学任务后，教师可以做以下课后教学安排：第一，翻译；第二，写作；第三，口语；第四，环保活动。同时，将课程思政有机融入各项课后安排中。具体包括：首先，要求学生将党的十九大报告中"坚持人与自然和谐共生"及"加快生态文明体制改革，建设美丽中国"的相关论述翻译成英文。该翻译实践，不仅可以提高学生的翻译能力，还可使学生充分认识到节约资源、保护环境是我国的一项基本国策，激发学生的环保意识和社会责任感。其次，要求学生运用课堂所学的写作模式，就"环境保护与经济发展的关系"写一篇英语作文。该作文的写作，不仅可以提高学生的英语写作能力，还能使学生深刻认识到处理好环境保护与经济发展关系的重要性。再次，要求学生通过分小组进行英语辩论的形式，对课堂所学文章的中心论点进行反思。这样，不仅能有效提高学生的英语口语表达能力、培养学生的批判思维能力，还有利于学生形成正确的环保理念。最后，要求学生在实际生活中进行环保实践，每位同学做一件对环保有益的事情，从而使课堂思政知识学习与课后思政实践相协同，让学生把所学知识转化为实际行动，达到课程思政知行合一的良好效果（莫丽红，2021）。

四、结语

大学英语教师应根据《高等学校课程思政建设指导纲要》及大学英语课程的特点等，将课程思政贯穿于大学英语教学实践中，深入挖掘与课堂教学内容密切相关的课程思政元素，对大学英语课程的教学目标、教学方法、教学路径等进行全面的优化和改进，在传授英语语言文化知识及培养学生各项能力的同时，引领学生树立正确的世界观、人生观、价值观，培养学生坚定的理想信念、深厚的爱国主义情怀、高尚的道德情操、强烈的民族自豪感及社会责任感，从而实现知识传授、能力培养和价值塑造的有机统一，教书和育人的有机统一，全面落实立德树人的根本任务，使大学英语课程与思想政治理论课同向同行，形成协同效应，为培养全面发展的社会主义事业建设者和接班人做出积极贡献。

参考文献

[1]张于，王舵.青年大学生认同并践行社会主义核心价值观的研究[J].中共石家庄市委党校学报，2018，20（7）：42-46.

[2]刘建军.课程思政:内涵、特点与路径[J].教育研究,2020,41(9):28-33.

[3]马晓薇.课程思政理念在大学英语教学中的渗透与实施[J].国际公关,2020(12):40-41.

[4]宋春霖.基于课程思政理念的大学英语翻转课堂构建[J].创新创业理论研究与实践,2020,3(20):61-62,65.

[5]习近平在全国高校思想政治工作会议上强调:把思想政治工作贯穿教育教学全过程 开创我国高等教育事业发展新局面[N].人民日报,2016-12-9(1).

[6]李荫华.全新版大学进阶英语综合教程[M].上海:上海外语教育出版社,2019.

[7]韦颜秋.推动"思政课程"与"课程思政"协同育人[N].天津日报,2020-04-06(006).

[8]莫丽红.课程思政建设下的大学英语教学研究[J].邵阳学院学报,2021,20(4):78-80.

高校口译课程思政建设路径探究
——以"2021年中美安克雷奇战略对话"单元教学为例

葛卫红[①]

摘 要：课堂思政教学的重点是将价值观引导与专业知识教学相结合。目前外语课程思政教学已有众多尝试和研究，但鲜有专门针对口译课的思政实践。外语学科不同的课程具有不同的属性和特点，课程思政也应有所侧重。本文分析了当前口译类课程思政存在的问题，提出课程的建设策略与实践路径，并以《商务会议口译》"2021年中美安克雷奇战略对话"单元教学为例，探讨如何构建立体多维的口译学习生态，在口译知识与技巧的教学过程中，引导学生树立正确的价值取向。

关键词：课堂思政；口译；价值引导；学习生态

一、引言

2020年教育部印发的《高等学校课程思政建设指导纲要》给高校课程思政建设指出了明确的方向："要发挥好每门课程的育人作用，寓价值观引导于知识传授和能力培养之中，帮助学生塑造正确的世界观、人生观、价值观。"价值塑造、知识传授和能力培养是高等教育的重要任务和目标，然而如何才能更加有效地将三者有机融合，解决好专业教育和思政教育"两张皮"的问题？尤其针对外语教育而言，如何利用外语学科特点，采用更好的教学模式，更好地将社会主义核心

---

① 葛卫红，女，山东聊城人，首都经济贸易大学外国语学院讲师。研究方向：口译理论与实践。

价值观传递给学生？近年来，高校教育界就如何开展课程思政进行了不同的探索与实践，但多是从育人理念、课程改革等较为宏观的层面，或针对某一具体课程开展思政教育实践。课程思政建设应充分结合不同课程的属性与特点，采取不同的教学模式和手段，从而更好地实现育人目标。口译类课程融合了英语听、说、读、译等多种语言能力，需要创新教学模式，利用融合式教学将各种教学资源有效融合，不断挖掘思政元素，树立正确意识形态导向。本文以《商务会议口译》"2021年中美安克雷奇战略对话"单元教学为例，探讨如何构建立体多维的口译学习生态，探索融合知识传授、能力培养与价值观引导的口译类课程思政建设路径。

二、口译类课程思政建设亟待解决的问题

口译类课程是外语学科教育本科阶段重要的专业课程，一般在三年级开设，课程根据侧重点和难易程度不同，从不同维度讲授口译基本理论、技巧、方法和原则，通过大量的口译实践练习，进一步提高学生的语言素养，使其熟悉并掌握不同的口译技巧，提高跨语言、跨文化交际能力，以在未来能胜任一般难度的口译任务，推动中外跨文化交流与合作。但是口译类课程的思政建设目前还存在若干问题。

第一，翻译类课程教学通常聚焦于双语语言训练，口译课强化口译技巧、原则与理论的传授，突出其"工具化"的价值，而忽视了口译活动人文、社会和意识形态的特质，较少强调社会主义核心价值观等重要思政内容。

第二，外语学院的教师与学生更侧重外语能力的提高，而忽视了中文功底的提升。教师上课英语词汇语法讲得多，学生的学习重点也在英语，从而导致中文功底较弱。汉英双向口译需要具备扎实的双语能力，才能将两种语言的精髓在互译过程中准确地传递出来。但是当前学生往往英到中听不懂、记不住，听懂了又不知如何用中文表达；中到英时不能有效理解原意，尤其是当出现古诗词的时候，学生更是觉得云里雾里———方面不懂其根本内涵，另一方面不知如何用英文表达。

第三，某些教学材料出版时间较长，内容陈旧，不能很好地跟上时代发展的步伐，不利于利用教材内容挖掘思政元素，进行隐性思政教育。口译时效性很强，国际会议上演讲人的演讲内容总是反映出最新的国家政策和国际动向。口译课程应利用最新的国际会议作为教学材料，带给学生有温度且能反映时代脉搏的教学内容，从而更好地开展思政教育。

三、口译类课程思政建设的策略与实践路径

2021年4月，习近平总书记在考察清华大学时强调，"我们要建设的世界一流大学是中国特色社会主义的一流大学，我国社会主义教育就是要培养德智体美劳全面发展的社会主义建设者和接班人"。这一重要论述回答了我国教育事业要"培养什么人、为谁培养人"这一中心问题，对高校外语学科课程思政建设具有重要的指示意义。口译类课程思政建设要进行整体设计、精选教学内容、创新教学模式、采用多元评价等模式充分挖掘课程中的思政元素，实现育人和育才的统一。

（一）科学设计教学体系，确定思政内涵与任务

首先要把握口译类课程思政的内涵和根本任务。课程思政建设首先需要进行顶层设计和整体规划，特别是要考虑需要利用哪些技术手段从哪些渠道挖掘何种思政元素，利用何种教学方法传递给学生，以期达到何种教学效果等问题。因此，要从知识水平、能力水平、专业素养与道德等方面确定整体培养目标与具体教学目标。在教学目标、教学资料与内容、教学手段与教学评价等方面搭建基本架构，展开布局，相互关联，将口译知识与人格培养相结合、翻译技能与价值传递相促进、知识惠人与立德树人相统一（代正利，2020：62）。

（二）精选教学内容，充分挖掘思政元素

精选教学内容十分重要。《高等学校课程思政建设指导纲要》指出，立德树人的培养目标是"让学生通过学习，掌握事物发展规律，通晓天下道理，丰富学识，增长见识，塑造品格，努力成为德智体美劳全面发展的社会主义建设者和接班人"。课程思政要将立德树人的功能落实到具体的课程内容。需要注意的是，口译具有很强的时效性，所选教学材料也应该与时俱进，不断更新。纸质版的教材内容很快就会过时，不再是社会热点，从而会让学生失去学习兴趣。可以利用多媒体教学平台和在线国际会议资源，不断捕捉最新国际热点，构建立体多维的教学材料。要精选教学材料，使课程既具备相关的口译知识与技巧，又能传递正确的价值观，弘扬民族精神，激发爱国情怀，增强职业责任感。

（三）创新教学模式，优化思政效果

丁义浩（2020）认为，外语课程思政需要精细的浸润式隐性教育，而非粗放

漫灌式显性教育。口译课程需要在潜移默化中将社会主义核心价值观，正确的人生价值、理想信念、家国情怀和文化素养内化于学生心中，不断提高大学生的思想觉悟和核心素养。很多研究者已经开展过不同实践，将不同的教学法与外语教育相结合，收到了很好的效果，如翻转课堂（曹进等，2019）、以学生为中心（曹海艳等，2021）、产出导向法、引导法、情境学习、翻译工作坊、模拟实践等。混合式教学提供了智能技术的媒介和网络平台，可以实现更好的互动性、反馈性、视频再现化，也带来了更好的思政建设效果。

（四）采取多元评价，评估思政成效

评价是教学环节中重要的一环。融合思政元素的口译课堂应改变传统的只重视总结性评价的方式，从只评估学生口译能力和口译技巧的口语考试，转变为融合不同评价维度的多元性评价。就"评价内容"、"评价方式"和"评价主体"的各个层面捕捉育人元素，巧妙设计评价方式（文秋芳，2021：51）。应该采取形成性评价与总结性评价相结合、教师评价与学生互评相结合、教师对学生学习效果的评价与学生对教学效果的反馈相结合的评价模式。要既能判断学生经过一个学期的学习之后的口译能力，又要通过过程性评价鼓励课程学习过程中的探究性学习、积极的课堂参与与课后领悟性反思，从而将课程要传达的正确的价值观和思想内化于学生心中。

四、单元教学案例——2021年中美战略对话口译

2021年3月在美国安克雷奇举行的中美战略对话，以及双方口译员的表现，引起了公众的极大关注。口译课程及时抓住这一社会热点，利用视频与转录文字材料开展口译课堂教学。

（一）教学内容背景

2021年3月18—19日，中共中央政治局委员杨洁篪与国务委员兼外长王毅飞往美国阿拉斯加州的安克雷奇，同美国国务卿安东尼·布林肯和总统国家安全事务助理沙利文进行了高层对话。本次对话之所以引起了中西方媒体与公众的高度关注，一方面是由于这是拜登政府执政以来的中美首次面对面会晤，也是中美外交史上异常激烈的一场交锋；另一方面是由于双方口译员的表现给公众留下了

深刻的印象。一般情况下，发言人讲一两句就停下来让口译员翻译，因为内容太多会给口译员的短时记忆带来巨大压力，造成译文不准确和信息遗漏。但在本次对话中，杨洁篪国务委员在开场白一口气讲了16分钟才停下来，16分钟的短时记忆对口译员是巨大的挑战，即使不翻译，仅仅是原文复述也非常困难。中方外交部译员张京几乎百分之百地口译出了杨洁篪的发言，内容准确、表达流畅，表现出了超长的短时记忆和杰出的口译能力，赢得了众多网友的赞叹。相反，美方译员的表现则让众多网友吐槽；有人认为她当天的淡紫色发色在那样一个郑重的场合显得不太专业，还有人认为她的口译内容有不准确、漏译等情况，表达也不太流畅。本次战略对话既是社会热点，也与口译教育密切相关。一方面，此次战略对话涉及了大量的中国基本国策与大政方针相关内容，中国表现出的不卑不亢的态度尤其能激发学生的民族自豪感，是绝佳的口译教学资料，非常适合思政教育；另一方面，张京的优秀表现给口译员的表现树立了生动直观的典范。虽然从内容上讲这不是商务会议口译，但其中涉及的关键词对学生在未来的涉外商务活动中能够更好地传递中国的声音、推动中国企业走出去具有重大意义。

（二）课堂思政理念

本次课程思政理念以"2021中美战略对话"的材料内容为依托，让学生通过观看对话视频，理解杨洁篪国务委员与王毅部长的讲话内容，记忆"两会、'十四五'经济社会发展规划、2035年的远景规划纲要、两个百年目标、联合国宪章的宗旨和原则、小康社会、冷战思维、零和游戏、相互尊重、公平正义、合作共赢的新型国际关系"等相关概念和术语的内涵与翻译方法，从而一方面了解中国的大政方针、目前所取得的成就和在重要国际问题上的立场，另一方面学习优秀译员的杰出表现、记忆重要中国大政方针的英文译法、掌握较长语篇的短时记忆方法，同时又从美方译员的表现了解口译过程中应该注意的问题。此外，通过观看对话视频，学生会被杨洁篪与王毅在讲话中表现出的不卑不亢的态度所感染，从而激发学生的爱国热情，培养其爱国情怀和政治意识，将社会主义信念和正确的价值观潜移默化地传递给学生。

本教学的课程思政内涵为：培养学生坚定、正确的政治立场，高度的政治敏感性和强烈的爱国热情；深刻理解和准确把握国家政策方针和政治热点问题，提升中国文化外宣的精准表达，助力中国企业走出去；提高未来译者的专业素养和职业素养。

本次课程的教学目标为：

第一，通过学习中美战略对话的内容，让学生体会语言之外的国家力量。在我国整体实力增强、国际地位不断提高之后，中方表现出的不卑不亢的态度与风格，可以培养学生的爱国情操，激发民族自豪感。

第二，增强学生的政治敏感度，树立正确的政治立场，带领学生深刻理解其中涉及的国家大政方针，了解中国所取得的伟大成就，掌握中国特色的词语在英语中的精准表达，在涉外商务活动中更好地传播中国的声音，帮助企业在海外市场更好地发展。

第三，学习如何在笔记法之外提高短时记忆能力，从而提高产出语的质量。

第四，了解基本的口译职业素养与着装要求。

（三）教学实践

本次课程采用课前预习法、课中讨论法、参与式练习法、情境学习法、课后总结与反思法等授课方法与教学手段。在课堂教学中会结合讨论与参与式练习，带领学生深刻理解"两会"、"十四五"规划等重大国家制度与政策的内涵，学习其正确的英文表达方法，更好地传播中国的声音。通过对英语近义词词义的辨析，说明译者应该具有的语言专业素养与政治敏感性。通过让学生课下对重要术语与政策概念的双语梳理，进一步强化其理解与记忆。课程的显性教学内容是口译技巧与知识，但其却建构在中国话语的主题内容之上，以学生乐见且隐性的方式将思政元素潜移默化地传达给学生。在教学过程中，通过课前背景知识准备、课中针对重点词语的讨论学习（尤其是词义辨析学习），以及课后的反思与总结，使学生在学习与实践过程中不自觉地将其内化、强化和认同，实现专业教育与思政教育的同向同行，达到口译教学中立德树人的任务与目的。

课程在教学方式上融合课前预习、自主查阅背景知识、课堂讨论、参与式口译实践、近义词辨析、译员表现对比分析、课后总结与反思等不同方式，进一步深化学生的价值认同感。在网络上可以获取的中美对话视频时长大约1个小时，课前教师将视频网址和相关新闻网页发到课程群，将学生分组协作完成预习任务，并注重以下内容：①要求了解本次对话的背景、中美两国外交政策的导向以及谈话的最终结果；②分工进行视频听抄和文字整理工作，同时结合中文媒体文字报道和美国国务院官网公开的英文内容，小组协作共同整理出本次对话一个小时的中英文对照版本，以方便学生后期的学习。听抄过程中不对里面发现的任何问题进行纠错，完整保留译文原貌以最大限度地重现当时的口译情景。整个听抄过程既锻炼了学生的听力能力、文字整理能力和团队协作能力，也加深了对本次对话的理解。

课堂上首先开放讨论中美两位译员的表现，从表象到内里引发学生思考背后的原因，并由此逐渐引出短时记忆、口译笔记等重要技巧以及在正式场合译员着装和发色等职业素养问题。之后，让学生进行参与式口译实践练习。鼓励学生尝试听较长语篇以练习短时记忆能力，体会其中的困难，并提出问题：如何在笔记法的辅助之下，提高较长语篇的短时记忆能力？张京又是如何做到的呢？学生在前期的《基础口译》中已经学习过笔记法，这里教师再次强调其中的关键点，并启发学生反思理解性记忆的重要性，即首先应该能够理解演讲人的演讲内容，再利用笔记法加以辅助记忆；对内容的熟悉程度越高，现场能记住的内容就越多、时间也越长，因为很多信息点已经转变为了大脑的长时记忆，现场的短时记忆压力因而会被减小。然后，以此展开对杨洁篪所讲内容的分析，由于学生已经做了前期预习，邀请学生逐一对"两会、'十四五'经济社会发展规划、2035年的远景规划纲要、两个百年目标、联合国宪章的宗旨和原则、小康社会、冷战思维、零和游戏、相互尊重、公平正义、合作共赢的新型国际关系"等相关概念和术语的内涵进行解释和翻译，强化学生的理解。在分析过程中进行必要的词义辨析，以启发学生的批判性思维。例如，"大国"一词是翻译成"big power"还是"major country"？由于"power"一词在英文中有"列强、强权"的意思，因此当翻译"中美都是大国"这句话时，不宜处理成"China and the US are both major powers"，避免翻译的失误带给其他国家的误解，影响中国在世界上的形象和利益。

课后要求学生整理对话过程中涉及的中国关键词，做成双语学习表，对有些关键内容需要了解其背后的含义。例如"两会"指哪两会？其具体职能是什么？"两个百年目标"到底是什么？在深刻学习了本次对话内容并了解了关键术语之后，要求四人一组开展口译训练，分别扮演中美双方演讲人和口译员，用自己的话开展谈判；课下模拟谈判的内容可以与中美对话类似，也可以有自己的发挥，练习内容录音后上传到超星平台讨论区，小组之间互听互评，给予反馈，相互学习。

本单元在教学过程中，由浅入深不断将知识学习、能力培养、价值塑造三者有机地融为一体，学生通过观看视频、了解术语内容、学习口译方法、参与口译实践练习等方式不断将材料所揭示的思政知识进一步内化为自己个体的价值观。这样,学生不仅在课程中学到了口译知识与技巧,还了解了中国的政治制度,中国的远景规划,中国取得的成绩和中国在人权、民主、价值观上的观点与立场,使学生的思想得到了升华,在润物细无声中实现了课程的育才育德功能。

五、结语

课后调查显示,学生普遍认为本次课程内容紧随时政和社会热点,非常具有吸引力。课程融合视频观看、课堂讨论和参与式练习,学生学习兴趣浓厚。当前口译课存在的最主要问题是过于重视翻译技巧的传授和翻译能力的培养,而忽视了思政内涵。口译员作为中外沟通的纽带,不仅要具有良好的语言文化素质和跨文化交际能力,更重要的是要有高度的政治敏感性和强烈的爱国热情,在涉外活动中自觉维护国家利益和形象。译员不仅要具备较高的专业素质和职业素养,还要有高度的责任感,这样才能够讲好中国故事,传播好中国声音,服务中国参与全球治理。因此,课程思政要与口译教学内容有机结合,需在不知不觉中以隐性教学的方式传递思政内涵,不断引导学生个体价值观的塑造,升华其思想品格,达到通过课程立德树人的目标。

参考文献

[1]曹海艳,孙跃东,罗尧成,等."以学生为中心"的高校混合式教学课程学习设计思考[J].高等工程教育研究,2021(01):187-192.

[2]曹进,陈霞.翻译硕士培养过程中的思政教育实践研究:以西北师范大学"国策与省情"课程为例[J].中国翻译,2019,40(03):105-113.

[3]丁义浩."课程思政"建设须打破三个误区[N].光明日报,2020-01-13.

[4]代正利.大学英语翻译教学中的思政融入探索[J].上海翻译,2020(06):61-65.

[5]文秋芳.大学外语课程思政的内涵和实施框架[J].中国外语,2021,18(02):47-52.

日语教学中的历史观问题

陈都伟[①]

摘 要：本文以战争认识问题为切入点，分析了日本社会中的两种历史观，即战后民主主义历史观和日本民族主义历史观。通过分析这两个阵营及其代表人物在日本战后史中的思想对决，呈现并说明日本社会在历史观问题上的巨大分裂。

关键词：战后民主主义；民族主义；战争责任论

日本的近代发展史是一部对亚洲大陆（特别是中国）的侵略战争史。相应地，中国的近现代史主要地就体现为反抗日本帝国主义侵略的斗争史。无论在日本还是在中国，对上述侵略战争的研究始终构成近现代史研究的重要环节。特别在我国，仅就国家社科基金立项数量来看，与日本侵华战争问题直接相关的项目就有28项之多，占据日本研究的22%。研究对象涉及南京大屠杀、东北移民、劳工问题、租界问题、金融掠夺、侵华新闻史、外交政策、鸦片毒化政策、侵华细菌战、教育关系、畜产扩张政策等。所有这些研究，多用实证性方法研究了日本侵华史，很好地呈现了历史细节和全貌，具有重要价值。但历史实证研究的逐步深入，并没有阻挡中日两国对于战争的解读呈现相互背离（甚至对抗）的发展趋势。日本对于侵略战争的认识，基于完全不同的历史观；作为加害者，日本相当部分人不但对公认的侵略史实熟视无睹，甚至"宣扬"自己对于中国和亚洲的历史"功绩"，为战争罪犯歌功颂德。对于受害者来说，再也没有比这更让人义愤填膺的事了。南京大屠杀真实性的辩论、靖国神社参拜、东京审判的合法性问题、修改历史教科书事件等，虽然不断激化着中国民众对日情感的脆弱神经，但在日本却大有市场，不仅得到了右翼保守群体的支持和帮助，而且博得了普通民众中部分人的认

[①] 陈都伟，男，江苏人，首都经济贸易大学外国语学院讲师，博士。研究方向为日本文化等。

同①。它凸显了战争认识在两国语境中的不同镜像。战争认识问题，在今天发展成为中日历史问题。

中日历史问题，在某种程度上体现为历史观问题。如何在介绍日本社会对于中日历史问题的真实想法、思想逻辑和理论来源的同时，坚持中国立场，阐述中国近代史观的合理性，成为高校教师特别是日语相关课程教师的责任担当。

日本民众对于战争的认识究竟是怎样的？它和中国民众之间的巨大差异体现在哪里？这些问题已经引起中国媒体、学术界、思想界甚至普通老百姓的普遍关心。人们不但希望了解日本社会对于中日历史问题的真实想法、思想逻辑，而且希望了解背后的原因以及理论来源。正是在这种背景下，关于日本战争认识、日本战争责任论的研究也应运而生。

关于战争认识问题的研究，近年来有了显著的进展，最新的研究包括刘岳兵教授的《早稲田大学社会科学部の講演：学術・思想史の視点より見た近代中日関係史》（2007年）、吴广义研究员的《日本的历史认识问题及其对中日关系的影响》（国家社科基金2001年立项）、孙歌教授的《中日传媒中的战争记忆》（2000年）等。战争问题，涉及当事双方，因此采取双方或者多方联合形式的共同研究成为热潮，其中最具代表性的当属中日两国政府发起和主导的中日历史共同研究（2006年起），此外还有中韩日三方合作的《国境を越える歴史認識 — 日中対話の試み》（刘杰等合编，东京大学出版会，2006年），哈佛大学亚洲中心的"A Joint Study of the Sino-Japanese War 1931—1945"等。共同研究的过程必然伴随着历史认识和历史观的相互交流和冲突。

历史史实和事件具有多个层面，强调哪个层面和忽略哪个层面，就足以导致结论的完全不同。立场不同，视角不同，历史呈现不同，必然导致历史认识的不同；这不但是历史学的问题，也是整个社会科学难以摆脱的宿命。日本保守阵营正是利用社会科学的这一特性，强调中日两国社会制度和历史观的不同，攻击中国历史研究和历史认识的意识形态性，将历史问题与当下的政治制度辩论结合起来。这种夸大历史相对性、将战争问题置于永远的无解境地的历史相对主义，并没有得到中国学术界的有力回击，不能不说是非常遗憾的。战争责任论不可避免地带有意识形态性。日本在战争认识问题上的意识形态性完全来自当下的政治需要，更具欺骗性和诱导性。它巧妙地将中日历史认识问题引向意识形态之争，从

---

① 小泉纯一郎连年参拜靖国神社，得到半数甚至三分之二以上民意支持即为明证。

而实现借助当下的自由主义意识形态霸权打压中国,同时在日本国内民众之间混淆视听,制造两国民众之间的对立情绪,实现自己的政治需要。日本对于中日历史问题的认识,建基于其新自由主义的意识形态,这点并没有得到日本进步阵营的注意。本文并不能为解决中日历史认识问题找到答案,而是在思想史领域通过对中日两国历史命运和国家道路的客观分析,力图为中日两国读者提供最深刻的视角,同时对日本保守阵营在战争责任论问题上的荒谬逻辑予以最有力的回击。

日本社会内部的历史观,基本上可以分为两个阵营:战后民主主义和日本民族主义。所谓战后民主主义,就是指以战后初期颁布的和平宪法、教育基本法及其所阐发的和平主义、自由主义、民主主义理念为价值准则的民主主义。特别是《日本国宪法》第九条及其和平主义理念,体现了这种民主主义的激进性;又因为它的起点位于战后初期,带有鲜明的"战后精神",故而称之为"战后民主主义"。战后民主主义阵营中的代表性知识分子有丸山真男、大塚久雄、川岛武宜等人。特别是丸山真男,被视作战后民主主义的旗手和代表;战后民主主义历史观在战争责任问题上的基本立场是反省的、和平主义的。

与此相对,日本民族主义从明治维新后不久就展露出其帝国主义时代的掠夺性本质,推崇战争主义和侵略主义,其逻辑基础是赤裸裸的民族竞争的丛林法则,声称,"只要为着自己的利益、幸福,就是对他国发动侵略,也没有什么可以指责的理由"(王守华,卞崇道,1989)。福泽谕吉则主张"我日本国应当加入食人者的行列而和文明国人共进退去寻找食饵"(陈都伟,2011),为日本发动甲午战争而摇旗呐喊。战前的日本笃信武力原则,推行军国主义路线。对内以天皇制为意识形态,强化思想统制;对外奉行军事扩张和争夺。这种疯狂的军国主义路线及其背后的极端民族主义(Ultra-nationalism)逻辑[①]在1945年8月15日遭遇了惨败。战后的日本民族主义,其历史观在战争责任问题上延续了日本战前帝国主义逻辑,美化侵略行为。

战后初期至1960年安保斗争,是战后民主主义的辉煌时期,也是战后民主主义步步进攻、日本民族主义全面败退的阶段。按照日本学者米谷匡史的说法,"在安保斗争前,那种志在复归战前体制的改宪论基本上失去了有效性,战后民主主义在某种意义上扎根"(米谷匡史,1997)。日本民族主义在战后初期的民主化改革中,受到美国占领军的压制。以驻日盟军总司令部民政局惠特尼(Courtney

---

① Ultra-nationalism,日文往往译作"超国家主义者"。

Whitney)、凯狄斯(Charles Louis Kades)为首的新政主义者,将日本作为试验田试验了他们的激进民主主义理想。和平宪法在某种意味上是这些新政主义者的理想宣言。和平宪法反对战争,反对"专制与盲从、压迫与狭隘",代之以"永久的和平""崇高理想""公正和信义"等(参见《日本国宪法》前言)。所有这些建立在民主主义世界观上的理念,正是对战前日本民族主义逻辑的完全否定,得到了绝大多数日本国民特别是具有相同世界观基础的市民派阶级的支持。在和平宪法激励下,旗手丸山真男在战后初期创作了大量针对民族主义意识形态的批判文章,如《超国家主义的逻辑和心理》(1946年)对天皇制心理结构的分析,《日本法西斯主义的思想和运动》(1947年)和《军国统治者的精神形态》(1949年)中关于日本法西斯主义矮小性和无责任体系的分析,都在当时的论坛引起反响。其他的市民派知识分子也在理论上做了大量的民主主义启蒙工作,如大塚久雄《从魔咒中的解放——近代类型的人的创造》(1946年)中关于近代类型的人的模式的探讨等。

尽管美国占领军在1950年后转变占领政策,在日本扶持民族主义势力以便对抗中国,但在意识形态领域中,战后民主主义仍然保持着全面进攻势头,近代主义、战争责任论、主体性论争等战后民主主义的理论浪潮一浪接着一浪,而日本民族主义基本处于无声的状态。这种局面一直持续到1960年的安保斗争。

1960年的安保斗争,是日本民族主义者争夺国家主导权的开始,也是右翼民族主义与以市民派阶级为中心的日本民众的第一次全面交锋。1960年的日美新安保条约以军事同盟的形式缔结,不但违背了日本和平宪法第九条,而且相当于将日本绑在美国的战车上,引起了日本民众的反对。1960年5月,岸信介政府准备强行在众议院通过新日美安保条约,这导致了全国范围内的抵抗运动;包括学生、工人、农民在内的众多阶层参加了这个斗争,但以青年学生和市民阶层为核心,其指导思想是市民派的民主主义。其后,安保斗争失败,标志着战后民主主义的重大挫折。更重要的是,战后民主主义并没有对失败原因进行很好的总结,更没有继续斗争的迹象。作为安保斗争理论领导人的丸山真男,在发表了《安保斗争的教训和今后的大众斗争》和《八一五和五一九》两篇文章后,于1961年远赴美国哈佛大学和英国牛津大学访学,直至1963年回国。这种逃避责任的行为相当于放弃了自己的理论阵地。这与岸信介不惜以政治生命为代价来推行自己政治主张的行为形成了强烈的反差。安保斗争中,战后民主主义及其代表人物的软弱性及其失败后的逃跑主义态度,已经宣布了战后民主主义在政治上的失败。

1970年的大学纷争呈现了激进学生与战后民主主义的对阵。20世纪60年代的日本学生运动是当时整个西方世界学生运动的一环，只不过它更为左倾和激进，并在1970年开始冲击大学校园，日本称之为"大学纷争"。在这次运动中，丸山真男及其代表的战后民主主义不再是革命领导者，反而成为革命对象。因为在不满现状的学生们眼中，战后民主主义俨然是既存社会秩序的代言人。吉本隆明在《丸山真男论》一文中尖锐地指出，"今天，天皇（制），不过是资产阶级的投影和附属品，所谓的'右翼'思想，也不过是个古董品，作为政治势力是无法登台的，我们所应该正视的思想倒不如说是那种在无意识里逐渐和知识分子糅合的资产阶级式的'民主主义'或言'言论自由'的两义性"（吉本隆明，1972）。换言之，在民族主义意识形态退居一隅、成为"古董品"的情况下，占据着主流意识形态地位的战后民主主义是日本战后秩序的共谋者和维持人。特别是丸山真男等大学教授的优裕生活，在苦于沉重学费负担的学生们看来完全是既得利益阶层的呈现；这也完全验证了战后民主主义的"两义性"，即既有批判右翼民族主义的方面，又有为民族主义服务的一面。如果说战后民主主义在上一个阶段是批判右翼帝国主义，那么在这个阶段就站在了学生和普通民众的对立面，从而在客观上站到了民族主义阵营一方，进一步降低了其在普通民众心目中的影响力。普通民众对于大学纷争基本上采取旁观立场，因为斗争双方在普通民众看来都是社会精英阶层，而东京大学又是日本上层精英俱乐部，这种印象使得普通民众抱着漠然和冷眼旁观的心态。帝国主义则从一开始就采取一边倒的敌对立场。最后，日本政府派警察镇压了这次学生运动。1970年大学纷争后，战后民主主义及其宣扬的自由、民主完全丧失了生机和活力。

　　1970年至今，战后民主主义基本上把持着主流意识形态的地位，但受到左右两个思想阵营特别是来自右翼阵营的攻击和步步紧逼。20世纪80年代后，各种保守主义、民族主义声音开始占领论坛，并在中曾根康弘内阁时期迎来高潮。中曾根内阁号召"战后政治的总决算"，为此积极推行军事化路线，参拜靖国神社，推崇作为"日本历史传统"精髓的天皇制等，日本民族主义路线在20世纪80年代迎来了第一波回潮。1990年后，伴随着日本泡沫经济崩溃及其带来的经济困境，民族主义思潮从幕后来到台前，开始按照自己的主张来审视历史、改造社会，大力推行自己的历史观，并在20世纪90年代末期形成又一轮更大、更深入的民族主义回潮。1996年，自民党"历史探讨委员会"公开宣称：所谓的"大东亚战争"不是侵略战争，而是自卫战争、解放亚洲的战争。与此同时，小林善纪等人批判战后民主主义原则指导下的日本历史教科书是"自虐史观",主张用"自由主义史观"重新审视历史,并为此成立了"新历史教科书编纂会"(1997年1月)。在这种思潮支配下,日本历史教科书大多删去或者更改了有关侵略战争、南京大屠杀、慰安妇、731部队等方面的论述。进入21世纪后,战后民主主义在小泉纯一郎内阁的新自由主义"结构改革"中,被完全抽空了实质内容。正因如此,当安倍晋三内阁在2007年高调宣布要摆脱战后体制和修宪时,并未遇到多少抵抗,并且轻松地修改、通过了与和平宪法休戚相关的《教育基本法》。2008年金融危机后的日本,特别是在维护战后民主主义路线的民主党惨败之后,完全成为民族主义势力的天下。这种势力不仅包括切实推动修宪进程的安倍内阁,还有更加极端的民族主义势力——日本维新会及其代表人石原慎太郎、桥下彻。他们攻击战后民主主义,主张用更为强硬的路线重新组织日本列岛,以至于日本媒体在介绍大阪市长桥下彻时冠以"战后民主主义,再见"的副标题①。值得注意的是,这种极端民族主义势力在日本获得了越来越高的支持率。与之相对,"战后民主主义正在开始急速地崩溃"②。

战后民主主义的崩溃是它多年来节节败退于民族主义进攻的产物。在日本,体现在历史观层面,反省战争、坚持和平的历史观也就逐渐被美化历史、否定侵略的历史观所代替。

中日历史问题,绝不应视作中日两国之间的事情。中日历史问题是整个世界近现代史的其中一环。只有将中日历史问题放在广阔的世界历史背景下,才能得到最深刻、最本质的理解。不这样做,就不能理解日本近现代史中具有制约性作用的许多思想范畴,如"近代的超克"、"脱亚入欧"、"脱欧入亚"、"大东亚共荣圈"等,就更不能理解这些思想范畴在战后的流变和影响。同样,对中日历史认识问题的考察,也需要在战后世界史、战后日本的国家道路、世界政治经济格局的大背景中加以研究。每一次大的时代变迁和国际局势巨变,都必然会带来历史观和历史认识问题的巨大变化。仅就性质而言,在战后很长一段时期内,日本的战争责任论的主流是和平反战的。战争责任论之所以在20世纪80年代中后期才浮出水面,并在今天逐渐演变为尖锐的历史认识冲突,与整个时代格局的变化密切相关。总之,对中日历史认识问题(特别是对日本战争责任论问题的研究),必须与对日本资本主义特殊性的历史考察、与对当代资本主义的矛盾分析

---

① 参见:http://president.jp/articles/-/5585.

② 参见:http://www.pauline.or.jp/today/today200704.php.

联系起来。

参考文献

[1] 陈都伟. 日本战后思想史研究 [M]. 海口：海南出版社，2011：182-206.

[2] 米谷匡史. 丸山真男与战后日本：关于战后民主主义的"起点" [M] //. 解读丸山真男. 东京：情况出版社,1997：148.

[3] 井出孙六.《世界》主要论文选 [M]. 东京：岩波书店，1995.

[4] 丸山真男集（第八卷）[M]. 东京：岩波书店,1996：325-339，359-377.

[5] 王守华，卞崇道. 日本哲学史教程 [M]. 济南：山东大学出版社,1989：240.

[6] 吉本隆明. 现代的文学 25 吉本隆明 [M]. 东京：讲谈社，1972：349.

六维景观视域下雄安生态与发展探析[1]

狄沐祺　贺时纬　李宏宇[2]

摘　要：雄安新区建设是千年大计，国家大事。新区在建设中处处秉承生态协同发展的理念，其生态模式为中国城镇化建设提供了新的思路。团队在雄安调研期间，以风、声、嗅、味、触、心六维景观为指导，依托生态视角，赴雄安高铁站、雄安市民服务中心、自贸区管委会、白洋淀、千年秀林等地进行实地考察。研究发现，雄安新区在建设过程中，遵循自然发展规律，贯彻可持续发展理念，坚持以人为本，着力打造有利于国家发展、城市发展以及人们身心健康的绿色发展城市圈。

关键词：雄安新区；六维景观；生态文明建设；自然文学

一、引言

2017 年春，河北设立雄安新区，习近平同志强调：建设雄安新区，要顺应自然、尊重规律，坚持生态优先，绿色发展，努力建设绿色低碳新区（新视觉网，2018）。雄安把绿色作为高质量发展的普遍形态，从中央到省再到新区把环境保护上升到规划建设的重要高度，协力打造绿色智慧新城，实现人与自然的和谐共生。2021 年 7 月 7 日，首都经济贸易大学外国语学院师生赴雄安新区开展生态

---

[1] 本文得到首都经济贸易大学外国语学院张东芹老师的指导，在此表示感谢。
[2] 狄沐祺，女，北京人，首都经济贸易大学外国语学院外国语言学及应用语言学2021级硕士研究生。研究方向：美国自然文学。
　　贺时纬，男，河北香河人，首都经济贸易大学外国语学院外国语言学及应用语言学2019级硕士研究生。研究方向：翻译与跨文化研究。
　　李宏宇，女，河北衡水人，首都经济贸易大学外国语学院英语语言文学2018级硕士研究生。研究方向：美国自然文学。

文明与自然发展主题调研。调研发现，雄安在建设过程中，注重地质资源的开发与物种多样性的保护，在城区建设的同时兼顾污染整改、特产的传承开发以及城市环保材料的研发应用，严守生态保护红线，保障新区生态安全。可以说雄安一直在探索如何实现人与自然的协同发展，这与自然文学的主要命题不谋而合。

自然文学是思索人与自然关系的非虚构散文文学，以写实方式描述作者走入自然环境的身心体验（程虹，2018）。学者程虹曾提出，自然文学中存在三维景观，即风景、声景以及心景（程虹，2015）。自然文学作家往往并不囿于描述自然界的风景，而是运用视觉与听觉共同呈现自然中的万千景象，与之进行精神层面的沟通。不仅如此，在面对自然时，所有五官都有其独特的作用，在城市建设中，所有五感能感受到的生态问题都不容忽视。

作为千年大计，国家大事，雄安新区在建设中处处秉承生态协同发展的理念，其生态模式为中国城镇化建设提供了新的思路。团队在雄安调研期间，以风、声、嗅、味、触、心六维景观为指导，依托生态视角，赴雄安高铁站、雄安市民服务中心、自贸区管委会、白洋淀、千年秀林等地进行实地考察，通过"感官"考察新区生态与发展现状，探究新区生态建设与治理措施，从心灵层面体悟新区生态对感官回馈的诠释。

雄安位于冀中平原中部，地处京津保腹地，属太行山麓平原向大清河水系冲积平原的过渡带。现有资源丰富，开发程度较低，环境承载力较强，有着广博的发展空间，具备"高起点规划、高标准建设"的基本条件（马震等，2021）。

二、雄安风景

风景是雄安城市的视觉资源，也是其物质资源的视觉体现，是自然资源与人造资源的综合表征。工业文明的迅猛发展为人们带来了丰富的物质基础，同时也造成了很大程度上的环境污染，包括物质环境污染与视觉环境污染。其中，视觉环境污染主要指无内容视野或单质视野，如城市建设者们往往只注重建筑单体的个性与特色，却忽视单体与周围环境的协调（邹丽丽，蔡君，2010）。与物质环境污染相同，视觉环境污染会引起人们诸如神经衰弱等的健康问题，其危害不容小觑。雄安的视觉景观则很好地规避了污染问题——来到新区，映入眼帘的不仅有城市建设设施，更多的是千年木秀、淀泊风光。雄安是一座色彩交织的印象之城。以市民服务中心为例,园区绿树环绕,悬铃木与"高级灰"建筑交相掩映,葱茏翁郁,即便在夏日也可保持身心的舒适、凉爽。

  在城市建设过程中,雄安大力治理原有三县物质环境污染问题,统筹规划绿色景观建设,从根源上避免新区视觉环境污染的产生;同时,注重自然资源的开发,依托自然资源打造视觉景观,实现视觉资源与物质资源的相互转化、协同成长,从精神与物质双层面保障新区的可持续发展。各部门因地制宜,在充分利用现有环境资源的基础上,辅以植树造林、引黄入淀等生态建设与保护措施,利用智能科技筑牢资源之基,巩固生态之本,将雄安打造成为集资源、生态、美学于一体的"近自然"绿色示范之城,蓝绿交织覆盖面积达70%。

  为保障新区绿色视觉资源,雄安在建城之初,优先规划建设城市森林,先植绿,后建城,为雄安涵养生态,打造中央绿心。林区以"千年秀林"为名,是雄安地区的绿色屏障,未来将成为生态森林型郊野公园,与雄安这座千秋之城相得益彰,共同生长。 理查德·杰弗里斯在文集《田野与树篱》中的一篇文章中写道,"所有的青草,所有草地上的草都是我的宠物。我爱所有的草。或许这就是为什么我从来没有'宠物',从来不种花,从来不养笼中之鸟或别的动物的原因"。这种亲近原始自然的向往在雄安得到了实现。千年秀林的建设开近自然造林之先河,林区遵循自然演替规律,依托"数字森林"大数据中心,在适度的人为干预下,帮助森林进行自我调节、更新、演替,形成异龄、复层、混交的稳定生态系统(领导决策信息,2018)。徜徉在林区,这里每一处树木的排列都不尽相同,可谓移步换景。不仅如此,雄安通过合理搭配落叶、常绿树种与花木,切实做到了"四季有绿、三季有花"(耿建民等,2020);在打造新区多元化视觉资源的同时,利用绿植涵养水源、保持水土、防风固沙等特性维持生态稳定。千年秀林工程可谓集涵养生态、智慧城市、大美都市于一体,实现了生态文明价值与城市风采的双丰收。

  习近平同志强调,建设雄安新区,一定要把白洋淀修复好、保护好。白洋淀属海河流域中的大清河南支水系,位于滹沱河与永定河冲积扇交汇处,是华北明珠,也是新区的主要蓝色景观。长期以来,海河流域的水土资源开发过度,导致白洋淀富营养化加剧、淀区湿地面积锐减、入淀水量减少、生物多样性降低,退化严重,风光不再(刘世存,2020)。因此,在新区建立之初,淀区的生态治理就被提上了日程。2018年,南水北调、引黄入冀等工程补"活"了白洋淀上游河流,其水位得到提升。2019年中国地质调查局通过水动力模拟人工补水研究、天然条件境况下白洋淀水动力场分布研究,掌握其演化规律,为白洋淀生态治理提供办法（王晓燕，2021）。时至今日，白洋淀已累计补水 1.67 亿立方米，大清河、滹沱河、白洋淀、子牙河 627 公里补水河道已全线畅通，污染鱼塘得到有效治理，污染底泥得到原位修复，围堤围埝得到清理恢复。不仅如此，白洋淀还利用无人机、智慧检测平台、水质预测模型等设备，让淀区水治理兼具创新与智慧，保障新区蓝色景观的高覆盖。

三、雄安声景

雄安声景是雄安自然活力的体现，具体表现为新区环境中的多样物种与人类多元文明的和谐相融，是庄子《齐物论》中天籁的现实模式，对时下有关自然与人和平相处的探索具有示范意义。在自然文学"土地伦理"概念中，美国"生态伦理之父"利奥波德强调：人类要有一种强烈的整体感，而不能擅自脱离自然的轨道。这个概念提出，活力的基础在于多样化，即自然界的多样化直接影响到人的文明的多样化（程虹，2018）。生物多样性是地球生命的基础，有着维持气候、保护水源土壤和维护正常生态过程等作用，为人类提供了丰富的生活与生产原料。

团队了解到，新区在建设过程中通过植树造林、涵养湿地等生态保护措施，在改善气候、降温增湿、净化生态、调节大气组分、防止土壤沙化等方面收获颇丰，为生物多样化提供了良好环境基础，保护了生态安全屏障，有效避免了生物多样性的"先破坏，后保护"模式，为后续城市生物多样性管理与可持续发展打下坚实基础（刘雯慧等，2018）。现在的新区"处处闻啼鸟"，也可以"听取蛙声一片"。雄安使自然界中的大千生物以和弦奏响新区每一处角落，与人声、车声、智慧之声交相辉映，谱写新区新声景。

夏季的雄安微风徐徐，鸟鸣阵阵。雄安新区夏季鸟类种类相对较多，其多样性以白洋淀南、北两区域更为丰富。雄安新区属平原地区，生境类型较为单一，因此在此繁殖的鸟类相对较少，但因白洋淀湿地是许多珍稀鸟类的理想生境，其鸟类群落在雄安具有较高的数量与密度，鸟类资源较为丰富（周博等，2018）。有数据显示，在雄安的各鸟类生境中，以农田、河流、浅滩湿地与林地鸟类种类最为丰富（王义弘，2021）。而雄安在建城之前就针对城市开发边界、生态保护红线、林地、生态用地、水域、基本农田等方面作出了科学规划，预留了城市建设用地。千年秀林的打造、《白洋淀生态环境治理和保护条例》的颁布使雄安整体生态环境得到进一步改善,鸟类栖息地更加"自然"。乘船于淀上,四面微风中有燕子在苇荡中起落,水面荷花林立,水中鱼儿浅泳,一派生机盎然。

在白洋淀,不仅有"鹰击长空",更有"鱼翔浅底",呈现出一幅"万类霜天竞自由"的多样景观。白洋淀鱼类以合鳃目、刺鳅目、鲈形目、鲤形目、鲇形目、鳗形目、鲡形目为主,是淀区鸟类的食物来源之一。20世纪末,白洋淀出现周期性干旱,鱼类品种相继减少,除梭鱼、鳗鲡、鲈鱼外,一些经济类鱼类如鳊鱼、青鱼、鳜鱼也相继灭绝。"引黄济淀"后,白洋淀通过人工放养鳙鱼、鲢鱼,保护原有濒临灭绝但可自行繁殖的名贵经济鱼类(谢松,贺华东,2010);当地也兴起放生潮流,政府民间协力为淀区鱼类多样性而努力。不仅如此,白洋淀采取以渔养水生态修复发展模式,通过建造生态水网,打造入淀河流栖息生境修复模式,为各种鱼类提供多样流速的水文环境,为洄游性生物提供通道,营造多样性栖息环境(李梦龙,2020)。雄安在孕育生活资源的同时,反哺自然,堪称生态经济的典范。

作为鱼类的重要食物来源,浮游生物反映着白洋淀的水质,对研究水体污染具有参考价值。浮游生物分为浮游植物与浮游动物,泛指生活于水中而缺乏有效移动能力的漂流生物,其中小型浮游动物是水中食物链的基础一环。进入20世纪80年代后,随着白洋淀环境的恶化,浮游植物种类减少近30%,浮游动物种类减少近20%。浮游生物由从前的129属减少至92属(李梦龙,2020)。氮磷浓度、温度、透明度以及溶解氧是影响浮游生物丰度的重要因素(林楚翘等,2020),这些因子与水环境污染密切相关。近年来,雄安致力于围绕白洋淀展开提升水质、改善功能治理,通过控源、截污、补水、治河、生态修复等措施,坚决不让一滴污水排入白洋淀。相信在不久的将来,随着淀区水质的提高,浮游生物群将会进一步壮大。雄安生态质量的提升也将带动京津冀区域生态环境的改善,促进京津冀协同发展。

四、雄安嗅景

嗅觉是通过感知弥漫在环境中的气味,在一呼一吸之间潜移默化地构造对空间的认知和体验,成为人类触及和认识世界的方式之一。道格拉斯·波尔图最先在其论文《嗅觉景观》中提出"嗅觉景观"(smell scape)这一概念,将嗅觉的概念纳入景观研究，肯定了嗅觉景观的审美价值（Porteous，1985）。波尔图认为气味也有消极、中性和积极之分，人类活动影响空气环境产生的恶臭异味就是"消极的气味"，而能够让人们身心愉悦的芳香气味就是"积极的气味"。自雄安新区设立以来，当地政府深究恶臭异味源头，加强环境污染治理，建成由自然气息组成的雄安嗅景。

在雄安新区设立之前，新区三县主要发展低端产业，工业污染严重。雄县纸塑包装业、容城服装业和安新县制鞋业等低端产业的粗放式发展破坏了当地环境。三县工业企业规模小但数量多，且多数仍停留在家庭小作坊阶段，这些特点造成了废水、废气和固体废弃物处理不达标且排放量大的后果，致使当地被臭气、污水和固体垃圾围绕。另外，镇乡村普遍无力承担高昂的垃圾处理和清运成本，垃圾处理设施和资金短缺、监管不完善致使生活垃圾和污水未经处理就排放到附近沟渠和坑塘内，不能回收的垃圾直接焚烧造成大气污染，未来得及处理的工业废料和生活垃圾堆积成山。陈旧垃圾和废污水积聚发酵，废气扩散，异味难以清散。

针对当地工业和生活污染造成空气质量较差的现状，新区政府切实落实环境治理工作。当地政府整治和关停"散乱污"小企业以控制源头污染，针对当地陈旧垃圾和废污水，实施垃圾清运与废污水治理。雄安新区全面实施工业污染综合治理、城镇污染治理、农村污染一体化治理、纳污坑塘及黑臭水体治理等十大工程。据统计，至2021年3月，新区清理了30年来堆积在58处的铝灰钢渣约71.5万立方米，转移危险废物7.5万立方米，工业下脚料约33万吨，完成了新区工业废物清理；清除了生活垃圾526万吨；清理河道垃圾400余万立方米（生态环境部，2021）。针对废水造成的污染，规范整治禁养区水产和畜禽养殖，排查整治白洋淀入河入淀排污口以控制污水污染。至2021年6月，完成78个农村生活污水治理项目470个、清理"纳污坑塘606个、城市建成区黑臭水体5条"（中国雄安官网，2021）。

雄安新区秉承"先植绿、后建城"的建设理念，持续种植大量苗木花卉，使人在城市中也能闻到森林的味道。担当新区北部绿色生态门户的郊野公园设计了14片城市森林，种植了280多种树木和200多种草花地被，其中海棠、碧桃、山杏、玉兰、丁香等组成了花红柳绿、芬芳馥郁的花果林。除建设了一批繁花似锦、城园相融的游园公园外，当地早于2018年启动千年秀林的十万亩苗景兼用林项目工程。千年秀林项目是一次在平原地区大面积建设异龄、复层、混交样式的近自然林的伟大尝试，为雄安新区奠定了自然气息的基调。

荷花是白洋淀的一大特色。新区临近白洋淀，随着白洋淀生态修复水质得到改善，每逢盛夏，荷花盛开，绿意盎然。开阔的水面上，万顷绿荷，美得摄人心魄。撑上一只小船随绿波起伏，微风吹拂带起淀水的清凉，在重重叠叠的荷叶掩藏下荷花淡淡的香甜花香沁人心脾。从孙犁的代表作《荷花淀》开始，荷花正逐渐成为白洋淀的一张名片和一道嗅景。

污水废气造成的异味随着新区的环境治理早已消散。在微风中漫步雄安新区，处处能嗅到芬芳花香和清新湿润的泥土气息。"积极的气味"塑造了新的雄安景观，激活了嗅觉带来的审美体验。

五、雄安味景

空间景观中的味觉体验通常被人们所忽视，但味觉在感知空间景观氛围时却能起到画龙点睛的作用。章俊华教授认为，景观的味觉刺激感受一般由在环境中的体验行为和饮食活动相结合来实现，"在饮食行为需要的特定环境中，其氛围特征应适合饮食行为的感受"（章俊华，2008）。事实上，在感受环境的过程中，味觉与景观之间相互配合起到互动的影响。味觉感知让人在品尝食物时联想到食物和环境的景观状态，视觉感知又让人在感受氛围时联想到各种味道，从而加深记忆和情感刺激。因此，在探究以绿色、生态为基础打造的智慧、宜居雄安时，不可不重视味景在景观信息表达中的作用。

在新区成立之前，三县食品产业基础较薄弱，食品安全形势比较严峻。《河北雄安新区规划纲要》要求坚持数字城市与现实城市同步规划和建设。团队通过实地考察和文献整理发现，针对新区未来绿色食品体系的打造，雄安正从农产品生产和食品销售消费环节推进了一系列数字化农业和餐饮工作的改革。

首先，雄安新区推进农业生产数字化。依据雄安城市计算（超算云）中心农业大数据打造"雄安农业云"，利用遥感、互联网等手段监测数字农情、智能管理农业生产经营，建设数字农业示范基地。在容东片区和起步区打造的"雄安市民中心至雄州大牌楼科技体验路线"，展示全自动农业设施、智慧冷链、农产品数字交易的现代科技农业。数字化农业的特性与雄安味道相辅相成，更能刺激人的味觉体验。"科技＋农业"模式生产的绿色农产品是打造雄安味道的根本源泉。

其次，雄安新区开展数字化餐饮品牌试点，推广使用数字人民币支付。走进雄安新区高速站便会见到"数字化新餐饮,服务雄安新区建设"的广告语。筹备两年的雄安新区团餐与饮食行业协会已于2021年6月挂牌成立,该协会致力于探索新区数字化新餐饮模式。团队于奥威东路雄安市民服务中心见到两家智慧餐厅,庆丰包子铺和麦当劳也早在2018年就落户雄安,点餐、结账、取餐全由消费者自主完成。智慧餐厅内,干净、整洁的用餐环境和舒适、高效的就餐体验似乎能加深食物的美味程度。此外,雄安新区是央行公布的第一批数字人民币(Digital Currency/Electronic Payment,DC/EP)试点城市之一,而雄安的19家试点推介名单中,餐饮企业又占了9家之多,还有支持数字人民币的饮食售货机等设施。数字化餐饮模式下的未来餐厅是展示雄安味道的首要渠道,并将为未来中国餐饮行业的发展提供了参考范本。

最后,雄安新区打造了一批高质量的特色绿色食品品牌。环绕白洋淀景区的雄安盛产莲、藕、苇、鱼、鸭,在已有品牌"雄安荷叶茶"基础上雄安新区继续挖掘特色农产品。预计到2025年认证3至5个绿色有机地标农产品,1至3个区域品牌。"雄安荷叶茶"醇香的口感和碧绿的颜色似乎能使品茶人看见当地清新明亮、秀丽优美的自然风光。雄安特色绿色食品品牌是传递雄安味道的主要载体。

与绿色智慧新城的设计理念相呼应,雄安将绿色环保与数字科技相结合,积极探索数字化新餐饮模式,展现了生态与科技统一结合的特色味景。

六、雄安触景

在时代快速发展的大背景下,人民生活水平得到改善,人们对于景观体验有了更深层次的追求,由传统的单一感官逐步向多种感官体验转变。触觉景观是一种能够让人类与纯自然环境(或人造自然环境)进行无声互动和情感交流的场域,目的是丰富景观体验感受,深化人们的参与感,践行人与自然和谐相处和可持续发展的发展理念。纯自然环境包括光照、空气、风、水环境等地理要素,人造自然环境主要指假山流水、喷泉、花草树木等满足人类生存需要的因子。因此,可以分为自然景观触觉和人文景观触觉两种。同时,触觉景观作为五感景观中重要的一环,具有不可忽视的意义,尤其是在现今身体美学理念的指引下,人们更加追求生态宜居的城市居住环境。触觉体验通过身体与景观元素的接触而凸显感知,环境信息通过触觉感官传递给人类参与者，人类也能够获得一种精神上的满足与享受，这是一种双向循环机制。雄安新区建设作为关乎国家发展和人民生存的国家战略，将以人本为导向构建绿色宜居的大城市群。

新区"一淀多带九片多廊"的构建意在打造生态新区、绿色新区，构建生态宜居的雄安形象。自新区建设以来，一大批配套基础设施、城市展园、城市林等工程项目进度正在加速推进。作为"九片"之一，雄安郊野公园践行"先植绿、后建城"的理念，采取"共建共享"模式，是雄安新区绿色生态的重要展示窗口，也是碳中和的重要举措之一。"一园一景"既能让游客充分领略生态雄安的魅力，还能遍览河北各地的城市历史文化资源和自然风貌特征（光明日报，2021），是文化民俗触觉景观、自然环境触觉景观和人文触觉景观融合的突出体现。"千年秀林"作为"蓝绿交织"生态布局的绿色基础工程建设项目，"设计上顺应当地自然生态本底，基本定位为郊野公园、苗景兼用"（中国雄安集团官网，2017），是新区建设的重要生态缓冲区和生态福利共享区。白洋淀水域开展水环境治理，水质持续改善，达到四类水级别，为人们与大自然亲密接触提供了场所。

《中共中央国务院关于全面加强生态环境保护，坚决打好污染防治攻坚战的意见》提出，"鼓励新建建筑采用绿色建材，大力发展装配式建筑，提高新建绿色建筑比例"（新华社，2018）。同时，选用绿色建材、具有当地特色的自然建材也是雄安新区规划纲要的要求，力求做到因地制宜，循环再生。

走进雄安市民服务中心，最突出的感受便是：在生态环保材料的应用与节能理念得以展现的同时，也能够带给人们一种以触觉为主的多重感官享受体验。其一，园区房屋是一种以钢结构为主体、铝合金玻璃外墙为搭配的绿色装配式建筑，具有3D智能工厂定制、高度集成化装配、节材节能节水、噪声小、建筑垃圾降到最低等特点。"雄安灰"生态外墙挂板绿色环保，有着与众不同的"高级灰"格调，带有厚重质感与肌理质地兼具的触觉感受，视觉体验感极强。其二，园区房屋采用被动式建筑，发挥区域地热能源的优势，物尽其用。其三，下凹式绿地、透水砖人行道、植草砖停车位有效保障水资源循环利用（张志峰，2018），凸显了"海绵型"园区建设理念，构建多元景观模式。同时，雄安高铁站候车大厅采用了清水混凝土工艺，低碳环保、绿色节能，呈现出自然本真的色调，手感光滑细腻，触觉体验丰富。

七、雄安心景

习近平总书记指出：发展必须是科学发展，必须坚定不移贯彻创新、协调、绿色、开放、共享的发展理念（中共中央宣传部，2019）。雄安新区作为"千年大计，国家大事"，在战略意义上必然不同于以往传统的城市建设，旨在打造一座符合可持续发展理念、人类命运共同体理念的城市圈，在一定程度上避免大城市病，给予居住者绿色祥和的生存环境，有益于身心健康。

发端于美国的自然文学就是这样一种以描写自然与人的关系为中心的文学体裁，注重内外联动，其中外核是纯自然环境，内核是人类通过接受大自然的洗礼而获得的心灵体验与感悟，其独特之处在于心景与其他感觉景观的糅合，给当今社会的发展提供可行路径。英国诗人霍普金斯于19世纪首创"内景"（inscape）一词，其相对于"外景"而言的，也是"心景"的最早形式（程虹，2015）。"人类内心的风景是由自然的风景养育滋润的"（程虹，2015）。"心景"（soulscape）作为六维景观框架下的核心概念，统摄风景、声景、味景、嗅景、触景，以心景为旨归。雄安新区建设理念无不体现出较强的人本导向，旨在营造有益于人类身心健康与生存发展的环境。

最新出台的《河北雄安新区条例》规定，"推进基础设施、城市建筑等领域标准化；形成体现历史传承、文明包容、时代创新的新区风貌；加快碳达峰碳中和进程；加强绿化带和生态廊道建设，构建多类型公园体系，提高绿化和森林覆盖率"（人民网，2021）。"一淀多带九片多廊"理念的践行、绿色装配式建筑和被动式节能建筑的采用、生态外墙挂板及清水混凝土工艺的应用等，均是有利于打造创新发展示范区的实在表现，也是新时代背景下高标准、高定位的有力展现。

森林系统的建设和白洋淀水域的治理呈现出视—听—嗅—味—触为一体的联觉机制：蓝绿交织的视觉体验，鸟鸣、风声、水流等听觉盛宴，泥土气息、荷香、青草幽香等嗅觉享受，莲蓬、荷叶茶、莲子、鱼、鸭等味觉品嗅，森林、花草、苇叶等触觉景观，充满大自然形、色、味的生态环境，对于人类来说是一种馈赠，与和谐自然的亲身接触能够陶冶情操、愉悦身心，可以称得上是一种健康景观的体现。垃圾清运、污废水治理与绿色环保建材的开发应用同样是一种有益于人类身心健康的反映，良好的生活环境能够促进内心呈现出积极的状态，有利于维持机体健康。作为知觉主体，人类拥有的是一个统一的、整体的知觉体，是紧密相连的、不容分割的通感体，共同作用于人类心身健康，推进可持续发展。

八、结语

雄安新区的设立是新时代背景下应对百年未有之大变局的重要国家战略，是新发展理念、新发展方向、新发展动力的显现。团队通过六维景观框架下五感景观加之心景的作用机制，探究新区生态理念和生态建设模式。研究发现：雄安新区在建设过程中，遵循自然发展规律，贯彻可持续发展理念，以人为本，统筹发展，营造有利于国家发展、城市发展和人身心健康的绿色发展城市圈。雄安新区的生态发展模式为中国城镇化建设提供了新的思路与指引。

参考文献

［1］程虹.自然文学的三维景观：风景、声景及心景［J］.外国文学，2015（06）：28-34，157.

［2］程虹.美国自然文学三十讲（增订版）［M］.北京：外语教学与研究出版社，2018.

［3］程虹.宁静无价：英美自然文学散论［M］.上海：上海人民出版社，2015.

［4］耿建扩，陈元秋.雄安："一园一景"展现生态之美［EB/OL］.（2021-08-08）［2021-08-10］.https：//epaper.gmw.cn/gmrb/html/2021-08/08/nw.D110000gmrb_20210808_1-10.htm.

［5］耿建民.雄安"千年秀林"每一株树都有一个数字身份证［J］.绿色中国，2020（22）：62-65.

［6］李梦龙.白洋淀"以渔养水"生态修复效果及展望［J］.淡水渔业，2020，50（3）：106-111.

［7］林楚翘.白洋淀浮游生物群落动态变化与生物量模拟研究［J］.水利水电技术，2020，51（12）：169-179.

［8］刘世存.白洋淀生态环境变化及影响因素分析［J］.农业环境科学

学报，2020，39（5）：1060-1069.

［9］刘雯慧.有效避免生物多样性先破坏后保护的典范：以《河北雄安新区规划纲要》为例［J］.环境与可持续发展，2018，43（5）：103-107.

［10］马震等.雄安新区自然资源与环境—生态地质条件分析［J］.中国地质，2021,48（03）：677-696.

［11］PORTEOUS J D. Smellscape［J］. Progress in Physical Geography, 1985, 9（3）：356-378.

［12］王晓燕.白洋淀：生态修复中的"华北明珠"［N］.中国自然资源报，2021-06-16.

［13］王义弘.雄安新区夏季鸟类群落结构与多样性研究［D］.保定：河北大学，2021.

［14］谢松，贺华东."引黄济淀"后河北白洋淀鱼类资源组成现状分析［J］.科技信息，2010（9）：433，491.

［15］章俊华.感性［M］.北京：中国建筑工业出版社，2010.

［16］张志峰.雄安新区立起绿色建筑［C］.对接京津——经济强省 绿色发展论文集，2018：162-165.

［17］周博等.雄安新区鸟类资源及其多样性［J］.动物学杂志，2018,53（4）：528-538.

［18］邹丽丽，蔡君.视觉资源管理系统在景观规划中的作用［J］.河北林果研究，2010，25（3）：303-306.

［19］雄安千年秀林：近自然造林开先河［J］.领导决策信息，2018（23）：22-23.

［20］《河北雄安新区条例》9月1日实施 规范雄安规划建设［EB/OL］.（2021-08-01）［2021-08-10］.http：//tj.people.com.cn/n2/2021/0801/c375366-34847348.html.

［21］中共中央宣传部.习近平新时代中国特色社会主义思想学习纲要［M］.北京：学习出版社，人民出版社，2019.

［22］雄安新区：创新历史遗存固废全域排查、全域清理、全量处置模式［EB/OL］.（2021-03-03）［2021-03-05］.http：//www.mee.gov.cn/home/ztbd/2020/wfcsjssdgz/wfcsxwbd/wfcsmtbd/202103/t20210305_823653.shtml.

［23］这一方水清苇绿好风光，珍惜！［BE/OL］.（2021-06-09）［2021-06-09］.

http：//www.xiongan.gov.cn/2021-06/09/c_1211193340.htm.

［24］中央政治局常委会听取了汇报，这就是未来的雄安新区！［EB/OL］.（2018-02-22）［2021-06-09］. https：//baijiahao.baidu.com/s?id=1593111500880379274&wfr=spider&for=pc，18-02-22.

［25］为生态雄安筑牢法治之基：《白洋淀生态环境治理和保护条例》解读［EB/OL］.（2015-03-21）［2021-04-01］. https：//m.thepaper.cn/baijiahao_12015321.

附 录

高等学校课程思政建设指导纲要①

为深入贯彻落实习近平总书记关于教育的重要论述和全国教育大会精神，贯彻落实中共中央办公厅、国务院办公厅《关于深化新时代学校思想政治理论课改革创新的若干意见》，把思想政治教育贯穿人才培养体系，全面推进高校课程思政建设，发挥好每门课程的育人作用，提高高校人才培养质量，特制定本纲要。

一、全面推进课程思政建设是落实立德树人根本任务的战略举措

培养什么人、怎样培养人、为谁培养人是教育的根本问题，立德树人成效是检验高校一切工作的根本标准。落实立德树人根本任务，必须将价值塑造、知识传授和能力培养三者融为一体、不可割裂。全面推进课程思政建设，就是要寓价值观引导于知识传授和能力培养之中，帮助学生塑造正确的世界观、人生观、价值观，这是人才培养的应有之义，更是必备内容。这一战略举措，影响甚至决定着接班人问题，影响甚至决定着国家长治久安，影响甚至决定着民族复兴和国家崛起。要紧紧抓住教师队伍"主力军"、课程建设"主战场"、课堂教学"主渠道"，让所有高校、所有教师、所有课程都承担好育人责任，守好一段渠、种好责任田，使各类课程与思政课程同向同行，将显性教育和隐性教育相统一，形成协同效应，构建全员全程全方位育人大格局。

---

① 教育部2020年5月28日印发。

二、课程思政建设是全面提高人才培养质量的重要任务

高等学校人才培养是育人和育才相统一的过程。建设高水平人才培养体系,必须将思想政治工作体系贯通其中,必须抓好课程思政建设,解决好专业教育和思政教育"两张皮"问题。要牢固确立人才培养的中心地位,围绕构建高水平人才培养体系,不断完善课程思政工作体系、教学体系和内容体系。高校主要负责同志要直接抓人才培养工作,统筹做好各学科专业、各类课程的课程思政建设。要紧紧围绕国家和区域发展需求,结合学校发展定位和人才培养目标,构建全面覆盖、类型丰富、层次递进、相互支撑的课程思政体系。要切实把教育教学作为最基础最根本的工作,深入挖掘各类课程和教学方式中蕴含的思想政治教育资源,让学生通过学习,掌握事物发展规律,通晓天下道理,丰富学识,增长见识,塑造品格,努力成为德智体美劳全面发展的社会主义建设者和接班人。

三、明确课程思政建设目标要求和内容重点

课程思政建设工作要围绕全面提高人才培养能力这个核心点,在全国所有高校、所有学科专业全面推进,促使课程思政的理念形成广泛共识,广大教师开展课程思政建设的意识和能力全面提升,协同推进课程思政建设的体制机制基本健全,高校立德树人成效进一步提高。

课程思政建设内容要紧紧围绕坚定学生理想信念,以爱党、爱国、爱社会主义、爱人民、爱集体为主线,围绕政治认同、家国情怀、文化素养、宪法法治意识、道德修养等重点优化课程思政内容供给,系统进行中国特色社会主义和中国梦教育、社会主义核心价值观教育、法治教育、劳动教育、心理健康教育、中华优秀传统文化教育。

——推进习近平新时代中国特色社会主义思想进教材进课堂进头

脑。坚持不懈用习近平新时代中国特色社会主义思想铸魂育人，引导学生了解世情国情党情民情，增强对党的创新理论的政治认同、思想认同、情感认同，坚定中国特色社会主义道路自信、理论自信、制度自信、文化自信。

——培育和践行社会主义核心价值观。教育引导学生把国家、社会、公民的价值要求融为一体，提高个人的爱国、敬业、诚信、友善修养，自觉把小我融入大我，不断追求国家的富强、民主、文明、和谐和社会的自由、平等、公正、法治，将社会主义核心价值观内化为精神追求、外化为自觉行动。

——加强中华优秀传统文化教育。大力弘扬以爱国主义为核心的民族精神和以改革创新为核心的时代精神，教育引导学生深刻理解中华优秀传统文化中讲仁爱、重民本、守诚信、崇正义、尚和合、求大同的思想精华和时代价值，教育引导学生传承中华文脉，富有中国心、饱含中国情、充满中国味。

——深入开展宪法法治教育。教育引导学生学思践悟习近平全面依法治国新理念新思想新战略，牢固树立法治观念，坚定走中国特色社会主义法治道路的理想和信念，深化对法治理念、法治原则、重要法律概念的认知，提高运用法治思维和法治方式维护自身权利、参与社会公共事务、化解矛盾纠纷的意识和能力。

——深化职业理想和职业道德教育。教育引导学生深刻理解并自觉实践各行业的职业精神和职业规范，增强职业责任感，培养遵纪守法、爱岗敬业、无私奉献、诚实守信、公道办事、开拓创新的职业品格和行为习惯。

四、科学设计课程思政教学体系

高校要有针对性地修订人才培养方案，切实落实高等职业学校专业教学标准、本科专业类教学质量国家标准和一级学科、专业学位类别（领域）博士硕士学位基本要求，构建科学合理的课程思政教学体系。要坚持学生中心、产出导向、持续改进，不断提升学生的课程学习体验、学习效果，坚决防止"贴标签""两张皮"。

公共基础课程。要重点建设一批提高大学生思想道德修养、人文素质、科学精神、宪法法治意识、国家安全意识和认知能力的课程，注重在潜移默化中坚定学生理想信念、厚植爱国主义情怀、加强品德修养、增长知识见识、培养奋斗精神，提升学生综合素质。打造一批有特色的体育、美育类课程，帮助学生在体育锻炼中享受乐趣、增强体质、健全人格、锤炼意志，在美育教学中提升审美素养、陶冶情操、温润心灵、激发创造创新活力。

专业教育课程。要根据不同学科专业的特色和优势，深入研究不同专业的育人目标，深度挖掘提炼专业知识体系中所蕴含的思想价值和精神内涵，科学合理拓展专业课程的广度、深度和温度，从课程所涉专业、行业、国家、国际、文化、历史等角度，增加课程的知识性、人文性，提升引领性、时代性和开放性。

实践类课程。专业实验实践课程，要注重学思结合、知行统一，增强学生勇于探索的创新精神、善于解决问题的实践能力。创新创业教育课程，要注重让学生"敢闯会创"，在亲身参与中增强创新精神、创造意识和创业能力。社会实践类课程，要注重教育和引导学生弘扬劳动精神，将"读万卷书"与"行万里路"相结合，扎根中国大地了解国情民情，在实践中增长智慧才干，在艰苦奋斗中锤炼意志品质。

五、结合专业特点分类推进课程思政建设

专业课程是课程思政建设的基本载体。要深入梳理专业课教学内容，结合不同课程特点、思维方法和价值理念，深入挖掘课程思政元素，有机融入课程教学，达到润物无声的育人效果。

——文学、历史学、哲学类专业课程。要在课程教学中帮助学生

掌握马克思主义世界观和方法论，从历史与现实、理论与实践等维度深刻理解习近平新时代中国特色社会主义思想。要结合专业知识教育引导学生深刻理解社会主义核心价值观，自觉弘扬中华优秀传统文化、革命文化、社会主义先进文化。

——经济学、管理学、法学类专业课程。要在课程教学中坚持以马克思主义为指导，加快构建中国特色哲学社会科学学科体系、学术体系、话语体系。要帮助学生了解相关专业和行业领域的国家战略、法律法规和相关政策，引导学生深入社会实践、关注现实问题，培育学生经世济民、诚信服务、德法兼修的职业素养。

——教育学类专业课程。要在课程教学中注重加强师德师风教育，突出课堂育德、典型树德、规则立德，引导学生树立学为人师、行为世范的职业理想，培育爱国守法、规范从教的职业操守，培养学生传道情怀、授业底蕴、解惑能力，把对家国的爱、对教育的爱、对学生的爱融为一体，自觉以德立身、以德立学、以德施教，争做有理想信念、有道德情操、有扎实学识、有仁爱之心的"四有"好老师，坚定不移走中国特色社会主义教育发展道路。体育类课程要树立健康第一的教育理念，注重爱国主义教育和传统文化教育，培养学生顽强拼搏、奋斗有我的信念，激发学生提升全民族身体素质的责任感。

——理学、工学类专业课程。要在课程教学中把马克思主义立场观点方法的教育与科学精神的培养结合起来，提高学生正确认识问题、分析问题和解决问题的能力。理学类专业课程，要注重科学思维方法的训练和科学伦理的教育，培养学生探索未知、追求真理、勇攀科学高峰的责任感和使命感。工学类专业课程，要注重强化学生工程伦理教育，培养学生精益求精的大国工匠精神，激发学生科技报国的家国情怀和使命担当。

——农学类专业课程。要在课程教学中加强生态文明教育，引导学生树立和践行绿水青山就是金山银山的理念。要注重培养学生的"大国三农"情怀，引导学生以强农兴农为己任，"懂农业、爱农村、爱农民"，树立把论文写在祖国大地上的意识和信念,增强学生服务农业农村现代化、服务乡村全面振兴的使命感和责任感,培养知农爱农创新人才。

——医学类专业课程。要在课程教学中注重加强医德医风教育,着力培养学生"敬佑生命、救死扶伤、甘于奉献、大爱无疆"的医者精神,注重加强医者仁心教育,在培养精湛医术的同时,教育引导学生始终把人民群众生命安全和身体健康放在首位,尊重患者,善于沟通,提升综合素养和人文修养,提升依法应对重大突发公共卫生事件能力,做党和人民信赖的好医生。

——艺术学类专业课程。要在课程教学中教育引导学生立足时代、扎根人民、深入生活,树立正确的艺术观和创作观。要坚持以美育人、以美化人,积极弘扬中华美育精神,引导学生自觉传承和弘扬中华优秀传统文化,全面提高学生的审美和人文素养,增强文化自信。

高等职业学校要结合高职专业分类和课程设置情况,落实好分类推进相关要求。

六、将课程思政融入课堂教学建设全过程

高校课程思政要融入课堂教学建设,作为课程设置、教学大纲核准和教案评价的重要内容,落实到课程目标设计、教学大纲修订、教材编审选用、教案课件编写各方面,贯穿于课堂授课、教学研讨、实验实训、作业论文各环节。要讲好用好马工程重点教材,推进教材内容进人才培养方案、进教案课件、进考试。要创新课堂教学模式,推进现代信息技术在课程思政教学中的应用,激发学生学习兴趣,引导学生深入思考。要健全高校课堂教学管理体系,改进课堂教学过程管理,提高课程思政内涵融入课堂教学的水平。要综合运用第一课堂和第二课堂,组织开展"中国政法实务大讲堂""新闻实务大讲堂"等系列讲堂,深入开展"青年红色筑梦之旅""百万师生大实践"等社会实践、志愿服务、实习实训活动,不断拓展课程思政建设方法和途径。

七、提升教师课程思政建设的意识和能力

全面推进课程思政建设，教师是关键。要推动广大教师进一步强化育人意识，找准育人角度，提升育人能力，确保课程思政建设落地落实、见功见效。要加强教师课程思政能力建设，建立健全优质资源共享机制，支持各地各高校搭建课程思政建设交流平台，分区域、分学科专业领域开展经常性的典型经验交流、现场教学观摩、教师教学培训等活动，充分利用现代信息技术手段，促进优质资源在各区域、层次、类型的高校间共享共用。依托高校教师网络培训中心、教师教学发展中心等，深入开展马克思主义政治经济学、马克思主义新闻观、中国特色社会主义法治理论、法律职业伦理、工程伦理、医学人文教育等专题培训。支持高校将课程思政纳入教师岗前培训、在岗培训和师德师风、教学能力专题培训等。充分发挥教研室、教学团队、课程组等基层教学组织作用，建立课程思政集体教研制度。鼓励支持思政课教师与专业课教师合作教学教研，鼓励支持院士、"长江学者"、"杰青"、国家级教学名师等带头开展课程思政建设。

加强课程思政建设重点、难点、前瞻性问题的研究，在教育部哲学社会科学研究项目中积极支持课程思政类研究选题。充分发挥高校课程思政教学研究中心、思想政治工作创新发展中心、马克思主义学院和相关学科专业教学组织的作用，构建多层次课程思政建设研究体系。

八、建立健全课程思政建设质量评价体系和激励机制

人才培养效果是课程思政建设评价的首要标准。建立健全多维度的课程思政建设成效考核评价体系和监督检查机制，在各类考核评估评价工作和深化高校教育教学改革中落细落实。充分发挥各级各类教学指导委员会、学科评议组、专业学位教育指导委员会、行业职业教

育教学指导委员会等专家组织作用,研究制订科学多元的课程思政评价标准。把课程思政建设成效作为"双一流"建设监测与成效评价、学科评估、本科教学评估、一流专业和一流课程建设、专业认证、"双高计划"评价、高校或院系教学绩效考核等的重要内容。把教师参与课程思政建设情况和教学效果作为教师考核评价、岗位聘用、评优奖励、选拔培训的重要内容。在教学成果奖、教材奖等各类成果的表彰奖励工作中,突出课程思政要求,加大对课程思政建设优秀成果的支持力度。

九、加强课程思政建设组织实施和条件保障

课程思政建设是一项系统工程,各地各高校要高度重视,加强顶层设计,全面规划,循序渐进,以点带面,不断提高教学效果。要尊重教育教学规律和人才培养规律,适应不同高校、不同专业、不同课程的特点,强化分类指导,确定统一性和差异性要求。要充分发挥教师的主体作用,切实提高每一位教师参与课程思政建设的积极性和主动性。

加强组织领导。教育部成立课程思政建设工作协调小组,统筹研究重大政策,指导地方、高校开展工作;组建高校课程思政建设专家咨询委员会,提供专家咨询意见。各地教育部门和高校要切实加强对课程思政建设的领导,结合实际研究制定各地、各校课程思政建设工作方案,健全工作机制,强化督查检查。各高校要建立党委统一领导、党政齐抓共管、教务部门牵头抓总、相关部门联动、院系落实推进、自身特色鲜明的课程思政建设工作格局。

加强支持保障。各地教育部门要加强政策协调配套,统筹地方财政高等教育资金和中央支持地方高校改革发展资金,支持高校推进课程思政建设。中央部门所属高校要统筹利用中央高校教育教学改革专项等中央高校预算拨款和其他各类资源,结合学校实际,支持课程思政建设工作。地方高校要根据自身建设计划,统筹各类资源,加大对

课程思政建设的投入力度。

　　加强示范引领。面向不同层次高校、不同学科专业、不同类型课程，持续深入抓典型、树标杆、推经验，形成规模、形成范式、形成体系。教育部选树一批课程思政建设先行校、一批课程思政教学名师和团队，推出一批课程思政示范课程、建设一批课程思政教学研究示范中心，设立一批课程思政建设研究项目，推动建设国家、省级、高校多层次示范体系，大力推广课程思政建设先进经验和做法，全面形成广泛开展课程思政建设的良好氛围，全面提高人才培养质量。

中共首都经济贸易大学委员会
首都经济贸易大学
关于深化课程思政建设的意见①

党的十八大以来，学校坚持以习近平新时代中国特色社会主义思想为指导，深入学习贯彻习近平总书记关于教育的重要论述，全面贯彻落实全国高校思想政治工作会议和全国教育大会精神，认真落实立德树人根本任务。根据教育部《高等学校课程思政建设指导纲要》和学校《关于推进"三全育人"综合改革的实施意见》，为了在试点的基础上全面推进、深化学校课程思政建设，制定本意见。

一、深化课程思政建设的重要意义

课程是人才培养体系的最基本单元。课程思政是高校落实立德树人根本任务，铸就教育之魂的理念创新和实践创新。高校教师的80%是专业教师，课程的80%是专业课程，学生学习时间的80%用于专业学习。80%的大学生认为，对自己成长影响最深的是专业课和专业课教师。推进课程思政建设，是紧紧抓住教师队伍"主力军"、课程建设"主战场"、课堂教学"主渠道"，落实立德树人根本任务的战略举措，是构建"德智体美劳全面培养的教育体系""高水平的人才培养体系"和"三全育人"体制机制的重要切入点和工作抓手。要通过推进课程思政建设，不断提升学校立德树人的实效，提高人才培养质量和能力，全面推动

---

① 中共首都经济贸易大学委员会2020年12月31日印发。

学校"十四五"时期高水平研究型大学建设与发展,努力建成"国内一流、国际知名"财经大学。

二、深化课程思政建设的基本认识

(一)要准确把握课程思政与立德树人之间的内在逻辑

课程思政是构建高水平人才培养体系的切入点,是把思想政治工作体系贯通人才培养体系的最基础手段,是落实所有课堂都是育人主渠道的关键举措,是学校落实立德树人根本任务的基础性和全面性工作。

(二)要准确把握课程思政工作的核心要求

推进课程思政工作就是要寓价值观引导于知识传授和能力培养之中,帮助学生塑造正确的世界观、人生观、价值观,核心要求是把"做人做事的基本道理、社会主义核心价值观的要求、实现民族复兴的理想和责任"的总要求融入各类课程和教育教学全过程、各方面。

(三)要准确把握各类课程与思政课程同向同行

要用好课堂教学这个主渠道,使所有教师、所有课程都要承担好育人责任,守好一段渠、种好责任田,使各类课程与思想政治理论课同向同行,形成协同效应,构建育人大格局。

三、深化课程思政建设的基本原则

(一)思想引领,协同推进

坚持马克思主义理论的指导地位,坚持不懈用习近平新时代中国特色社会主义思想武装头脑，以习近平总书记关于教育的重要论述作为课程思政建设的思想引领。围绕立德树人根本任务，全校各级党组织、各单位协同推进，以课程思政建设为重要抓手，形成育人合力。探索"课程思政"和"专业思政"一体化建设的实施路径和推进机制。

（二）试点先行，持续深化

进一步推进课程思政试点学院建设。各试点学院要通过先行先试，深化研究、率先示范、树立表率，探索具有学院特色的课程思政建设体系，积极探索凝练可复制推广的学院课程思政和专业思政先进经验和特色做法。在课程思政试点学院建设基础上，有序推广、全面推进。把课程思政作为学校思想政治工作的基础性和长期性工作，持续深入开展，逐步构建高水平人才培养体系。

（三）全员参与，教师主体

把课程思政建设纳入全校各级党组织、各单位以及全体教职工的职责范围，明确育人导向，落实育人要求，形成党政工团全员参与的育人局面。坚持教育者先受教育，教师要提升认识，积极实践，深入挖掘课程的思政元素，有机融入课堂教学。

四、深化课程思政建设的目标

在试点学院建设基础上，以"课程门门有思政，教师人人讲育人"为工作目标，在学校全面深化推进课程思政建设，打造校级层面开展课程思政建设的"七个一批"工程。

（一）建成一批示范课程

结合不同课程特点，深入挖掘各类课程和教学方式中蕴含的思政元素，有机融入课堂教学，在潜移默化中坚定学生的理想信念，厚植爱国主义情怀，达到润物细无声的育人效果。

（二）推出一批示范教材

加强教材建设，鼓励学术水平高且教学经验丰富的学科带头人、专业负责人、教学名师等参加教材编写、修订工作。教材编写、修订应紧跟国际学术前沿和时代发展步伐，彰显学校专业特色，将价值塑造、知识传授、能力培养融为一体。

（三）形成一批示范案例

结合专业背景和专业知识，深入挖掘思政元素，及时总结教育教学中一些好的做法、好的经验，形成典型案例，推进课程思政建设的规范化和示范引领作用的发挥。

（四）推进一批实践教学示范项目

坚持价值引领、"五育并举"的育人导向，将国家和北京市重大活动的志愿服务纳入人才培养体系，充分挖掘第二课堂、社会实践、毕业论文（设计）等方面的思政元素，增强学生创新精神、创造意识和创业能力。

（五）培育一批研究成果

坚持问题导向和目标导向相结合，深入开展课程思政教学研究，深入认识课程思政与高水平人才培养体系的逻辑关系，探索落实"三全育人"体制机制,打造一批课程思政教育教学研究成果,切实发挥教学研究对本科教学的支撑作用。

(六)选树一批示范教师和教学团队

加强师德师风建设,鼓励教师积极投身教育教学改革,创新课堂教学模式,提升教师主动融入课程思政建设的自觉性和实效性。充分挖掘教研室、教学团队、课程组等基层教学组织在课程思政建设中的平台作用。

(七)打造一批示范专业

全面修订本科人才培养方案,将"做人做事的基本道理、社会主义核心价值观的要求、实现民族复兴的理想和责任"有机融入到人才培养的全过程。坚持课程思政、专业思政一体化设计、一体化实施,全面提高人才培养质量。

五、深化课程思政建设的重点举措

要明确课程思政建设是全校各单位和所有教师的共同任务,全校上下要协同推进,一体化建设。要统筹全校资源推进工作,努力做到七个重点抓:

(一)学校重点抓设计

学校是推进课程思政建设的总体设计者,要不断完善顶层设计,加强相关制度建设,搭建好推进课程思政建设的多元平台,构建并不断完善课程思政工作体系,不断明晰工作思路。

（二）学院重点抓特色

学院是落实课程思政建设的重要枢纽。各学院要结合"一院一特色"实际，找准课程思政的切入点，使课程思政的建设有机融入学院整体的教育教学，形成各自的特色和亮点。其他教学单位也要自觉结合本单位的实际情况，主动作为，积极参与，特色化推进课程思政建设。

（三）专业重点抓特点

专业是落实课程思政建设的重要平台。要充分挖掘和充实各专业蕴含的思想政治教育元素，结合专业特点，有机融入本专业的建设内容、方法和载体，贯穿人才培养方案、师资队伍建设、课程建设等各方面。

（四）课程重点抓品牌

建设品牌课程是全面推进课程思政建设的重要方法。各专业要选准课程，精选教学内容和案例，加强集体备课，把课程和专业的思想政治教育元素有机融入教学大纲和课程教案；校院系要打造一批课程思政品牌课程，逐步形成品牌效应。

（五）讲授重点抓风格

教师是解决课程思政建设的关键因素。要尊重教师的创造精神，充分发挥教师的主观能动性，在思想政治教育元素有机融入课堂教学的过程中，体现教师的风格和特点，增强吸引力和感染力。

（六）教师重点抓榜样

选树榜样教师是全面推进课程思政建设的重要措施。要遴选一批有意识、有意愿、有能力的教师进行重点支持和培养，指导其积极探寻和运用课程思政建设的方法和规律，发挥好榜样的示范带动作用。

（七）成果重点抓转化

在积极实践课程思政的过程中，试点学院和各单位要总结凝练好的做法和经验，形成可延续、可复制的建设成果，推出示范课程、示范教材、示范案例等，促使课程思政建设成果转化为教学单位和教师直接可用的理论指引和实践经验。

六、深化课程思政建设的工作分工

（一）职能部门要协同联动

党委宣传部要发挥统筹协调作用，把课程思政纳入理论学习内容，积极宣传课程思政的典型做法、成功经验，营造氛围。

教务处要发挥重要推动作用，加强试点学院建设，在全校范围内推广试点学院的有益经验，把课程思政建设成效纳入教学单位绩效考核范围。

党委组织部要把教师党支部推进落实课程思政建设情况纳入教师党员民主评议、教师党支部书记考核、教师党支部考核当中。

人事处、教师工作部要把课程思政作为教工培训重要内容纳入年度培训计划，要将课程思政纳入教师师德考核指标体系。

研究生工作部、研究生院要把课程思政有机融入学科建设当中，积极开展学科思政的探索和实践。

其他职能部门要主动在职责范围内协同联动，给予大力支持配合。

（二）学院要发挥组织推动作用

学院是课程思政建设的重要组织者和推动者，要强化党政协同，把课程思政建设纳入学院工作整体谋划。要将课程思政建设作为加强教师党支部政治建设的重要内容和载体，要坚持以教师为主体，倡导"教育者先受教育"，引导教师树立课程育人理念，提高课程育人能力。试点学院要开展"六个推进"工程，一是科学推进课程教学体系改革，二是积极推进专业教材建设，三是大力推进课堂教学改革，四是持续推进实践教学建设，五是系统推进教师队伍建设，六是全面推进专业思政建设。

（三）教师要发挥主体作用

课程思政是教师教书育人的应有之义，是课程教学的价值回归，而不是对教师额外的要求，更不是给教师添加额外的负担。教师要自觉肩负育人使命和职责。党员教师要带头自主学习、自我教育，积极承诺践诺、示范引领，带头积极实践、凝练成果。思政课教师要努力做到"八个相统一"，以此教育引导并感染带动学生。专业课教师要自觉挖掘课程思政元素、融入专业教学、主动做到教育者先受教育，主动参与日常思政工作，做到"守好一段渠、种好责任田"。

七、深化课程思政建设的保障措施

（一）构建体制机制

建立党委统一领导，党委宣传部统筹协调，职能部门协同联动，学院主导推进，教师具体落实，教师党支部引领保障，相互之间既统筹协调，又各负其责的工作格局，形成育人合力。

（二）加强制度保障

学校相关职能部门和各学院要积极主动制订相关管理文件，形成学校课程思政建设的制度体系，从制度层面上明确实施、支持、考评、宣传课程思政建设的相关要求。

（三）加强资源保障

统筹利用学校优势资源，结合学校实际，大力支持课程思政建设工作。通过政策配套、资金支持等多方面举措，加大对课程思政建设的投入力度。

（四）完善考评激励

要把课程思政纳入全校各类检查、各类考核，覆盖各学院和教师。全校各单位在涉及教师职务（职称）晋升和各类评优评先表彰中，要加强对落实立德树人根本任务的考核，重点关注课程思政内容。

中共首都经济贸易大学委员会 首都经济贸易大学 关于推进"三全育人"综合改革的实施意见（2020—2022）[①]

学校以习近平新时代中国特色社会主义思想为指导，深入学习贯彻党的十九大及十九届二中、三中、四中、五中全会精神，习近平总书记关于教育的重要论述，以及全国和北京市教育大会精神，落实教育部《"三全育人"综合改革试点工作建设要求和管理办法（试行）》《高等学校课程思政建设指导纲要》和《关于加快构建高校思想政治工作体系的意见》，以及《北京市建设全国"三全育人"综合改革试点区实施方案》精神，围绕落实立德树人根本任务，加强顶层设计，落实"三全育人"综合改革任务，加快实现学校建设市属高水平研究型大学和国际知名、国内一流财经大学的目标，现结合学校实际，制定本实施意见。

一、推进"三全育人"综合改革的总体要求

（一）总体思路

始终坚持以习近平新时代中国特色社会主义思想为指导，深入学习习近平总书记关于教育的重要论述，围绕立德树人这个根本任务和中

[①] 中共首都经济贸易大学委员会2020年12月31日印发。

心环节,坚持党的领导,坚持中国特色和首都定位,坚持党建引领与党政同责,坚持把思想政治工作贯穿人才培养始终,建立健全学校"三全育人"体制机制,实现全员育人、全过程育人、全方位育人,努力开创学校事业发展新局面。

（二）总体目标

建立健全学校"三全育人"的体制机制,推动全校各单位和全体教职工在认识上深化,在理念上同步,在措施上到位,在行动上自觉。做到在全员上实现全覆盖,党政工团自觉落实立德树人根本任务,全体教职工主动肩负育人使命,社会力量协同营造育人氛围。在全过程上实现全覆盖,把立德树人贯穿人才培养始终,贯穿思政课程、课程思政和日常思想政治教育始终。在全方位上实现全覆盖,从校内到校外、课内到课外、线下到线上推动立德树人融入科研创新育人、管理服务育人、文化育人各环节,形成长效机制。

（三）主要原则

坚持立德树人,牢记为党育人、为国育才使命,将"三全育人"综合改革作为推进学校内涵发展的重要抓手。坚持党建引领,加强学校党委对"三全育人"综合改革的全面领导,强化统筹协调、大力推进落实。坚持党政同责,学校党委常委会和校长办公会要加强对"三全育人"综合改革的研究推动,与业务工作一同研究、一同部署、一同考核。坚持问题导向,从破解"三全育人"最迫切问题入手,建立健全学校工作体制机制。

二、全面推进全员育人机制建设

立德树人是学校的立身之本,要引导党政工团各部门各单位明确自身职责,全校教工和各种社会力量要找准自身定位,营造时时想育人、事事要育人、人人会育人的良好氛围。

(一)着力强化各级党组织的牵头引领作用

1. 学校党委要发挥综合改革的领导核心作用

要把推进"三全育人"综合改革任务作为学校党建一项中心任务,强化党委全面领导,不断完善顶层设计、强化统筹协调、细化监督检查、夯实工作保障。各党委职能部门要把推进"三全育人"综合改革作为全面从严治党向基层延伸的新要求,纳入任务清单,强化督促落实。

2. 教学单位党委(党总支)要强化牵头推进的主体责任

教学单位党委(党总支)要自觉强化牵头推进、督促落实的主体责任,要把"三全育人"和课程思政纳入党员民主评议,纳入支部书记考核评议,纳入支部考核评议,提升支部建设规范化水平,着力在本单位营造"课程门门有思政,教师人人讲育人"的良好氛围。

3. 教师党支部要增强推动落实的战斗堡垒作用

教师党支部要把推进"三全育人"改革和"课程思政"建设作为发挥战斗堡垒作用的着眼点、落脚点和发力点,始终站在育人第一线。支委会要定期组织推进研习会,把方向、定目标;支部要定期开展实践研习会,勤学习、多实践;支部要定期召开成果研习会,看成效、促提升。

(二)着力提升校院系行政的推进落实作用

1. 学校行政要整体谋划推进"三全育人"综合改革

学校行政要在党委领导下,结合推进教育评价改革,改进教师和学生评价机制,力求教学育人实绩,突出"三全育人"导向。各行政职能部门要把推进"三全育人"综合改革与业务工作紧密融合,主动推进、积极落实。

2. 教学单位要自觉深化推进专业思政、课程思政建设

教学单位要充分认识推进"三全育人"综合改革重要性，将之作为推进学科建设、专业建设的基础性工作，纳入学院工作整体谋划，纳入学科建设、专业建设各项规划，纳入人才培养方案，纳入实践教学内容，纳入教师岗位聘任条件和教学科研任务，纳入各类评比评选标准。课程思政试点学院要积极落实试点任务，切实发挥示范作用。

3. 系（教研室）要具体组织落实课程思政建设

系（教研室）要具体组织落实课程思政建设，将课程思政要求融入各门课程教学大纲、融入专业课教学，积极组织教师进行课程思政交流分享和参加学校、学院各类评比。

（三）着力调动群团服务部门的氛围营造作用

1. 工会组织要广泛联系教职工，营造育人氛围

要充分发挥工会广泛联系教职工的优势，深入挖掘工会活动在促进"教育者先受教育"中的作用，引领教职工自觉增强育人意识、自觉强化育人能力、自觉提升育人效果。

2. 共青团组织要服务青年成长，打造育人品牌

共青团要结合青年学生成长特点，牢牢占领第二课堂阵地，加强对学生会组织的指导，擦亮学生活动品牌，在学生中塑造和推出一批典型群体和典型个人，营造学习榜样、争当榜样的浓厚氛围。

3. 服务保障部门要充分挖掘、提升育人功能

服务保障部门要用好校园环境、窗口岗位等，在管理服务实践中体现育人的理念、育人的要求和育人的标准。

（四）着力激发全校教职工的育人主体作用

1. 专任教师要做好育人主体

教师要自觉肩负育人使命和职责。党员教师要带头自主学习、自

我教育，积极承诺践诺、示范引领，带头积极实践、凝练成果。思政课教师要努力做到"八个相统一"，以此教育引导并感染带动学生。专业课教师要自觉挖掘课程思政元素、融入专业教学、主动做到教育者先受教育，主动参与日常思政工作，做到"守好一段渠、种好责任田"。导师要承担好研究生教育中的第一责任人职责，自觉做到教书与育人的有机统一。

2. 辅导员要做好育人纽带

辅导员和班主任等其他思政工作者要成为紧密联系教书育人、科研育人、实践育人、管理育人、服务育人、文化育人的重要纽带。要完善辅导员"4321"矩阵式培训培养体系，不断提升辅导员专业素养。

3. 其他管理服务人员要做好育人重要参与者

管理和服务人员要自觉参与到育人工作中来，通过不断提升管理和服务质量、提高管理和服务能力、改进管理和服务态度，营造同向同行育人氛围。

（五）着力挖掘各类社会力量的协同促进作用

1. 要充分保护离退休老同志的育人热情

要发挥好校院两级关心下一代工作委员会作用，用好离退休老同志的育人经验、资源和热情。

2. 要充分激发校友的育人动力

要支持校友用好课外课内渠道分享人生经验和奋斗经历，用鲜活的故事激励学生、感染学生、教育学生。

3. 要充分发挥家庭的协同作用

要着力畅通家校沟通渠道，形成双向互动的协同机制，巩固学校育人成果，满足家庭育人期待。

4. 要充分挖掘其他社会力量的育人资源

要积极挖掘各类企事业单位、社区、社会媒体、社会组织等其他社会力量的育人资源，引导其他社会力量参与学校育人，努力形成育人合力。

三、全面推进全过程育人机制建设

要将立德树人贯穿教育教学和学生成长成才全过程，要紧抓思政课程、课程思政和日常思想政治工作体系建设，形成育人合力。

（一）紧抓覆盖学生全学段的思政课程体系建设

1. 丰富思政课程体系

落实中办、国办印发的《关于深化新时代学校思想政治理论课改革创新的若干意见》精神，要加强以习近平新时代中国特色社会主义思想为核心内容的思政课课程群建设，开好《习近平新时代中国特色社会主义思想概论》课程。针对博士、硕士、本科等不同学段学生开好相应思政课程，进一步丰富党史、国史、改革开放史、社会主义发展史、宪法法律、中华优秀传统文化等课程模块，开设系列选择性必修课程。

2. 抓好思政课程建设

围绕"增强使命担当，引导学生矢志不渝听党话跟党走，争做社会主义建设者和接班人"的课程目标，统筹推进思政课课程内容建设，培育国家级、省部级线上线下精品课。积极参与思政课教材体系建设，提升思政课教师队伍建设水平，落实好北京市首批重点建设马克思主义学院建设任务。

3. 搞好思政课程实践教学

要加强思政课程实践教学与学生专业实习、社会实践活动、志愿服务活动的多向融合，加强实践教学基地建设，形成实践教学合力，打造实践育人共同体。

（二）紧抓覆盖专业全领域的课程思政体系建设

1. 完善专业思政体系建设机制

要加强专业内涵建设，把凝练专业人才培养目标作为专业思政建设的首要任务，体现在新版人才培养方案之中。坚持试点先行、全面推进，课程思政与专业思政一体化设计、一体化实施，评选课程思政示范学院，建设一批课程思政示范专业。

2. 完善课程思政实践指引机制

要把课程思政建设与育人目标紧密结合，打造课程品牌和示范课程，推出一批示范教材，形成一批课程思政示范案例，建成一批实践教学示范项目，指引教师成为课程思政实践的行家里手。

3. 完善课程思政成果转化机制

要通过举办基本功大赛、设立教研项目、选树榜样教师和教学团队、评比最美课堂、建设精品课程群等方式，塑造财经高校特色的课程思政风格，培育一批课程思政教学研究成果，促使课程思政建设成果转化为教学单位和教师直接可用的理论指引和实践经验。

4. 完善教育者先受教育工作机制

要继续深入实施青年教师"驼峰计划"、教师思政工作质量提升"驼铃计划"、举办"驼韵师话"活动、发挥 OTA 的教师发展促进作用、改革人才评价机制、开展优秀导学团队评选培育工程，引导全校教师认真学习、积极探究课程思政理论，主动借鉴、反思、交流、提高实践经验，实现教育者先受教育。

（三）紧抓覆盖学涯全过程的日常思政工作体系建设

1. 健全日常思政工作体系

要针对不同学段学生特点，统筹理想信念教育、就业创业教育、心理健康教育、生态文明教育、艺术审美教育等各项资源，整合评奖评优、资助育人、比赛竞赛、社会实践等教育手段，进一步健全"654321"学生发展辅导服务体系。

2. 打造核心价值观精品项目

要深入推进以"骆驼精神"为内核的校园文化建设，组织开展"使命在肩、奋斗有我"等以"初心""使命""奋斗"为主题的系列教育活动，积极开展"经贸榜样"评选奖励、"扎根实践工程"、红色"1+1"实践活动等教育活动，充分发挥校友、"五老"和基层典型人物的作用，积极打造精品项目，形成一批有影响力、有辐射力、有带动力的培育和践行社会主义核心价值观精品项目。

3. 完善学风教育机制

要积极开展专项教育活动，引导师生遵守学术规范、恪守学术诚信、完善学术人格，摒弃学术不端行为，成为优良学术道德的践行者和良好学术风气的维护者。

四、全面推进全方位育人机制建设

要通过校内校外、课内课外、线上线下全方位育人机制实现立德树人根本任务，引导各方力量自觉强化育人意识、明确育人责任、找准育人途径，落实育人要求。

（一）积极打通校内与校外相协同的育人渠道

1. 在科研实践中育人

要引导学生走出校园，把科研论文写在祖国大地上。改革优秀成果评选推广机制，引导学生积极参与科研创新团队培育支持计划、科教协同育人计划、产学研合作协同育人计划等项目，提升学生科研创新实践能力。

2. 在服务社会中育人

要把服务北京"四个中心"建设作为育人重要抓手,深入分析研究学校在服务北京"四个中心"建设中的着眼点、切入点和发力点,引导学生在服务北京"四个中心"建设的各项社会实践和志愿服务中受教育、长才干、做贡献。

3. 在创新创业中育人

要鼓励学生拓宽创新创业领域,积极开展"双百行动计划",把创新创业教育纳入人才培养方案,纳入课程建设规划,纳入课程讲授内容,在潜移默化中增强学生创新创业意愿,提升创新创业主动性,培养创新创业能力。

4. 在社会生活中育人

要充分认识"家庭是人生的第一个课堂,父母是孩子的第一任老师"的重要作用,通过开展讲家庭奋斗史、找身边奋斗者等活动协同推进家风教育。要通过组织学生开展社会实践、志愿服务等活动,发挥社区等其他社会力量的育人协同作用。

(二)积极构建课内与课外相衔接的育人载体

1. 用优秀传统文化育人

要着力打造中华优秀传统文化传承基地,搭建优秀传统文化传承创新平台。要创新活动形式,走出课堂,在现实生活中开展"四史"教育和高雅艺术、民族艺术教育,不断增强学生的"四个自信"。

2. 用良好管理作风育人

要重视管理干部和管理岗位课外育人作用,在机关开展"管理育人示范岗"培育和评选工作,挖掘管理育人元素、标准、要求,强化育人责任落地,带动机关作风建设向纵深推进。

3. 用真诚服务事例育人

要发挥教辅单位和服务人员在生活中育人的作用,推出一批真诚服务学生的典型事例，讲好典型人物和典型案例背后的故事，用真事育人、真情感人、真爱化人。

4. 用校友奋斗故事育人

要整合校友资源，完善沟通联系长效机制，推进校友导师计划项目和联络员队伍建设，用好讲好校友奋斗故事，引导校友将课外育人向课内育人延伸。

（三）积极完善线上与线下相融合的育人平台

1. 积极用好线上教学资源

要深刻认识后疫情时代新形势新要求，紧抓"金课"建设契机，充分挖掘慕课、中国好大学在线等线上教学资源，积极建设线上课程及混合课程，满足学生线上学习需要。

2. 着力建设线上育人平台

要运用新媒体、新技术使宣传思想工作"活"起来，积极统筹整合全校资源，打造校园融媒体，搭建学校一体化的线上育人平台，培养学生主动阅读校园主流线上媒体的使用习惯。

3. 不断丰富线上育人资源

要树立"内容为王、移动优先"的战略思维，聚焦各类新闻和网络资源倍增宣传声势，要设计推出贴合移动互联网平台的育人活动，主动设立和引领话题，着力增强学校线上育人能力和舆论引导能力。

五、健全推进"三全育人"综合改革的保障机制

要通过构建党建引领、党政同责、强化监督、不断提升的方式，保障"三全育人"综合改革全面落实。

（一）突出党建引领，强化组织保障

学校各级党组织要加强对推进"三全育人"综合改革的组织领导，不断健全和完善综合改革的制度规范和体制机制。要强化理论学习、明确行动方向，细化工作方案、研制建设标准，开展专题培训、加强经验交流，设立专项课题、深化工作研究，为推进综合改革提供坚强的思想和组织保障，做到全校上下认识一致、要求一致、步调一致。

（二）坚持党政同责，强化资源保障

学校各单位要加强对推进"三全育人"综合改革的谋划落实，提供丰富必要的行政资源、政策配套和经费保障。要加大行政资源投入力度，压实工作责任，纳入督查督办清单，切实保障工作任务落地见效。要加大政策配套支持力度，配套出台实施评价机制改革措施，按照"三全育人"的标准和要求落地相关政策。要加大重点经费保障力度，为重点项目、重点任务提供必要经费支持。

（三）健全评估机制，强化监督保障

着力建立健全"三全育人"综合改革供给侧过程评价和需求侧效果评估机制。各单位要明确阶段性工作目标，建立校级层面定期工作点评制度，建立二级单位边组织实施、边评估效果、边改进方法的过程性评价机制，确保综合改革目标不偏离、工作不走样、效果不虚化。要开展教职工、学生和校友、家庭、用人单位多维度效果评估调查，以立德树人和人才培养的最终效果作为学校"三全育人"综合改革成效的检验标尺。要强化监督保障，将任务落实纳入日常监督范围，为学校"三全育人"综合改革提供强大的监督保障。

中共首都经济贸易大学委员会关于推进教师党支部落实课程思政建设制度化的实施意见①

坚持以习近平总书记关于教育的重要论述为指导，全面贯彻党的教育方针，深化落实全国高校思想政治工作会议精神，以《中国共产党支部工作条例（试行）》及《关于高校教师党支部书记"双带头人"培育工程的实施意见》为基础，以学校《关于推进"三全育人"综合改革的实施意见》《关于深化课程思政建设的意见》为遵循，以充分发挥教师党支部在推动课程思政建设以及"三全育人"综合改革中的积极作用为目标，结合学校实际，现就推进教师党支部落实课程思政建设制度化提出如下意见：

一、指导思想

根据学校落实立德树人根本任务的要求和部署，深刻认识全面推进课程思政建设是落实立德树人根本任务的战略举措、是提高人才培养质量的重要任务。把课程思政建设作为教师党支部落实立德树人根本任务的有效途径和抓手，为实现学校内涵式发展、培养德智体美劳全面发展的社会主义建设者和接班人提供坚强组织保证。

---

① 中共首都经济贸易大学委员会2020年12月31日印发。

二、工作目标

以党支部规范化建设为基础,以教师党支部书记"双带头人"培育工程为抓手,以基层党建工作示范创建和质量创优为目标,积极引导全校教师党支部主动承担育人功能,持续深化课程思政建设,着力推进"三全育人"综合改革,注重加强政治建设、提升政治功能,不断提高基层党组织建设质量和工作水平。

(一)坚持"教育者先受教育"基本要求,充分发挥教师党员示范引领作用

立德先立师,树人先正己。要以教师党支部为堡垒,以"双带头人"培育工程为依托,激发教师党支部书记在课程思政建设中先学先行的能动性,提升教师党员在课程思政落实中践学践行的积极性,不断在立德、修德、践德上下功夫,坚持"四个相统一",争做"四有好老师",当好"四个引路人",充分挥教师党员在课程思政建设中的示范引领作用。

(二)立足"立德树人"根本任务,积极探索教师党支部争先创优方法途径

要将课程思政建设与教师党支部建设相结合,既为课程思政建设提供坚强组织保证,也使课程思政建设成为加强教师党支部建设的新载体、新途径,为教师党支部发挥战斗堡垒作用拓展新平台、注入新活力。教师党支部要坚决站在课程思政建设第一线,促进支部建设与中心工作相互促进、协同发力。

(三)瞄准"人才培养"目标方向,充分发挥教师党支部在"三全育人"体制机制中的作用

聚焦为党育人、为国育才目标,鼓励支持教师党支部突出党建引领,

要把推动"三全育人"改革和"课程思政"建设作为发挥支部战斗堡垒作用的着眼点、落脚点和发力点,要坚持课程思政与专业思政一体化设计、一体化实施,形成专业课教学与思政课教学紧密结合、同向同行的育人格局,提升教师党支部在建立健全学校"三全育人"体制机制中的作用和影响力。

三、具体举措

(一)教师党员主动发力,当好"责任人"

教师是课程思政建设的主体,教师的育人意识和育人水平直接影响着课程思政的效果。要围绕落实立德树人这一根本任务,把教书和育人结合起来,不只做传授书本知识的教书匠,也成为塑造学生品格、品行、品位的"大先生",牢固树立知识传授与价值引领同频共振的教学理念。以培育和弘扬社会主义核心价值观为主线,通过理论学习、党性教育、社会调研等多种方式,把课程思政建设作为提升自身执教能力的有效手段,提高自身的政治理论水平和人文素养,提升将思想政治工作贯穿教育教学全过程的综合能力。教师党员要主动做到"三带头":

一是教师党员带头自主学习、自我教育。认真学习贯彻习近平新时代中国特色社会主义思想以及中央和北京市关于教育工作、北京工作的重要指示精神,练好基本功、讲好专业课,注重挖掘专业课程中的思政元素,将思政元素有机融入课堂教学,让有信仰的人讲信仰,引导学生扣好人生的第一粒扣子。

二是教师党员带头积极实践、凝练成果。要有争先创优、敢想敢为的意识,积极参与到课程思政示范课程建设、示范教材撰写、示范案例总结、实践教学示范项目培育、研究成果展示、示范教师和教学团队组建以及示范专业建设中去。要有迎难而上、攻坚克难的意识,带头参与课程思政类教改立项、党建和思想政治工作课题的申报与研究，将推进课程思政建设作为提升自身政治素养、教学科研能力的有效途径。

三是教师党员带头承诺践诺、示范引领。严格落实教师党支部推进课程思政建设工作要求，积极参加支部组织的课程思政专题实践研习活动，教师党员尤其是党支部书记、专业负责人、学科带头人要不断提升责任意识，勇于站在课程思政建设第一线，交流分享在自我教育、实践研究过程中的新思路新方法，营造"课程门门有思政，教师人人讲育人"的良好氛围，力争成为课程思政建设榜样先锋。

（二）教师党支部强化落实，育好"责任田"

教师党支部是课程思政建设的堡垒，围绕形成高水平人才培养体系，要优化完善教师党支部书记做引领、支部委员会搭桥梁、支部党员协同发力的建设机制，坚持支部建设与课程思政建设、专业建设一体化提升。要用好党支部标准化、规范化建设以及教师党支部书记"双带头人"培育工程载体，把推动课程思政建设作为加强支部政治建设的重要内容，在推动学校"三全育人"综合改革中体现教师党支部战斗堡垒的辐射作用。教师党支部要积极践行"三研习"：

一是支委会每年至少组织一次课程思政建设推进研习会，把方向、定目标。按照校院两级工作要求，将课程思政建设深度纳入党支部年度、学期工作计划以及主题党日活动之中，强化育人意识、提升执教水平。教师党支部书记牵头定期召开支委会，深化落实课程思政建设要求、统筹推进"三全育人"综合改革，研究制定并积极完善阶段性工作目标与可行性工作方案。

二是党支部每年至少开展一次课程思政建设实践研习会，勤学习、多实践。充分运用党支部规范化建设工作载体，有计划地定期开展课程思政建设主题学习研讨和实践活动，让党支部规范化建设与课程思政建设协同发力、同向同行。教师党支部书记要充分运用"书记讲党课""主题党日"等重要载体开展课程思政专题宣讲和实践活动，支持协助系（教研室）主任、专业负责人组织开展课程思政集体教研活动，努力推动课程思政建设作为加强党支部政治建设的重要内容，全力打造讲政治、重育人、有特色的先进党支部。

三是党支部每年至少开展一次课程思政建设成果研习会，看成效、促提升。以主题党日活动答辩展示、党建创新创优项目立项评审为契机，党支部要设计开展课程思政建设成果展示活动，分享亮点特色、总结经验做法、凝练典型案例、巩固工作成效，针对探索实践中呈现的主要问题，及时调整下一阶段工作要求和实践要点，逐步建立健全党支部落实课程思政建设的工作机制。要重视发挥全国党建工作样板支部培育创建单位、北京高校先进党组织、一流专业所属党支部、课程思政建设试点学院所辖党支部的示范引领作用，在创建、申报、培育、总结一系列过程中认真总结特色做法，积极构建基层党建工作品牌。

（三）学院党组织统筹推进，守好"责任渠"

学院要把人才培养作为首要任务。学院党组织应结合专业和学科特点，将推进教师党支部落实课程思政建设纳入学院课程思政建设工作方案，为教师党支部开展课程思政建设提供坚强制度保障。学院党组织要扎实落实"三评议"：

一是做好党员民主评议，从严从实开展自评与互评。将落实课程思政建设情况纳入教师党员民主评议内容之中，从严出发、从实落脚，围绕"理论学得实不实""方法用得巧不巧""课程讲得好不好"等方面深入开展自我评价和党员互评，总结优点、盘点不足，对标对表、立行立改，加强党员教育、增强党员活力。

二是做好教师党支部书记考核评议，注重检验"双带头人"培育实效。以教师党支部书记为工作基点，将落实课程思政建设情况纳入教师党支部书记考核评议内容之中，充分检验支部书记在引领支委会和党支部聚焦育人育才主责主业、一体推进课程思政建设中的战斗力，着力提升教师党支部书记党建和业务双融合、双促进的示范作用。

三是做好教师党支部考核评议，着力提升规范化工作水平。将落实课程思政建设情况纳入教师党支部考核评议内容之中，围绕设计有思路、实践出特色、成果可推广等方面进行考评，以评促改、以评促建，健全完善党支部规范化建设及课程思政建设常态化制度化工作机制。

中共首都经济贸易大学委员会
首都经济贸易大学
关于推进试点学院课程思政建设的实施意见（2020—2022）①

为进一步落实学校《关于推进"三全育人"综合改革的实施意见》《关于深化课程思政建设的实施意见》，做好试点学院课程思政建设，结合实际，提出以下实施意见。

一、建设目的

推进试点学院课程思政建设是探索和形成具有学校特色的三全育人"体系的重要途径，是学校全面推进课程思政建设的有力抓手。要通过推进试点学院课程思政建设，形成具有财经类高校特色的学校课程思政建设基本经验和特色做法，并通过试点学院带动全校各教学单位的课程思政建设，实现试点先行与全面推进的有机统一。

学校是推进课程思政建设的总体设计者。要不断完善顶层设计，强化制度建设，积极搭建各类平台，充分发挥教师队伍"主力军"、课程建设"主战场"、课堂教学"主渠道"作用，在校级层面开展课程思政建设的"七个一批"工程。争取用两年左右的时间，建成一批示范课程，推出一批示范教材，形成一批示范案例，推进一批实践教

---

① 中共首都经济贸易大学委员会2020年12月31日印发。

学示范项目，培育一批研究成果，选树一批示范教师和教学团队，打造一批示范专业。

学院是落实课程思政建设的主阵地。试点学院要按照学校的统一部署，发挥先行先试功能，用两年左右的时间，解决好教师"想干不知怎么干的问题"，积累课程思政建设的成熟做法和先进经验，率先示范，树立表率，为形成具有学校特色的课程思政建设体系，提升全校课程思政建设水平打牢基础。

二、建设要求

为做好学校"七个一批"工程，各试点学院应加强宣讲和组织学习工作，提高教师的思想认识，明确教师的任务要求。坚持以学生为中心、产出导向和持续改进的教育理念，深入挖掘课程自身所蕴含的思政元素，有机融入到人才培养的全过程，不断提升学生的课程学习体验和学习效果，解决好专业教育与思政教育"两张皮"问题。坚持"教育者先受教育"，推动所有教师进一步更新教育理念，强化育人意识，提升执教水平和育人能力，做到"课程门门有思政，教师人人讲育人"。同时，非试点学院也要按照做好学校"七个一批"工程的要求，主动研究开展本学院课程思政建设，积极参与示范项目评选，在全校营造"三全育人"的浓厚氛围。试点结束后，经组织评选，将对取得显著成效的单位授予"课程思政示范学院"称号。学校将整理汇编示范学院经验总结材料，并在全校宣传推广，提升全校课程思政建设水平。

三、建设内容

试点学院要从以下六个方面推进课程思政建设，做好学院层面的"六个推进"工程，积累建设经验，凝练建设成果，促进学院事业发展。

（一）科学推进课程体系改革

专业课程是课程思政建设的主要载体，要结合不同专业课程特点，深入研究不同专业课程的育人目标，深入挖掘专业课程知识体系中的思政元素，科学合理拓展专业课程的广度、深度和温度。积极引导专业课教师结合各自专业背景和专业知识，系统整合课程内容体系，提升课程的高阶性、创新性和挑战度，及时总结教育教学中的一些好的做法、好的经验，形成典型案例，提升课程思政建设的规范化水平、充分发挥示范引领作用。

（二）积极推进专业教材建设

加强教材研究与编写修订工作，注重理论体系向教材体系转化、教材体系向教学体系转化、知识体系向学生的价值体系转化。鼓励开展信息技术与教育教学深度融合、多种介质综合运用、表现力丰富的新形态教材建设，增强教材的科学性、前沿性、针对性和实效性。引导学术水平高、教学经验丰富的学科带头人、专业负责人、教学名师等牵头参与教材研究编写修订工作。教材编写要紧跟国际学术前沿和时代发展步伐，彰显学校专业特色，将价值塑造、知识传授、能力培养融为一体。

（三）大力推进课堂教学改革

优化课堂教学内容，完善课堂教学设计，创新课堂教学模式，强化课堂教学过程管理，提升课堂授课效果与水平，推进现代信息技术在课程思政教学中的应用。通过举办学院青年教师基本功比赛、教师教学创新大赛、最美课堂评比等活动，引导教师深入挖掘各类课程和教学方式中蕴含的思政元素，有机融入课堂教学，在潜移默化中坚定学生的理想信念，厚植爱国主义情怀，达到润物细无声的育人效果。

（四）持续推进实践教学建设

坚持"价值引领、五育并举"的育人导向，注重学思结合、知行统一，将参加国家和北京市重大活动的志愿服务纳入到人才培养体系中。围绕首都"四个中心"建设，结合不同学科专业优势，创新校企协同培养人才的新机制，积极打造社会实践基地。深化实践教学效果评价机制改革，引导教师积极参与实践教学，充分挖掘第二课堂、学科竞赛、社会实践、创新创业、毕业论文（设计）等方面的思政元素，着力增强学生创新精神、创造意识和创业能力。

（五）系统推进教师队伍建设

加强教师思想政治教育和师德师风建设，提高思政育人理念和育人意识，引导教师积极投身教育教学改革，创新课堂教学模式，强化把立德树人成效作为教师职务晋升晋级以及教学质量奖、教学名师奖、师德先锋、优秀育人团队、教育教学成果奖等各类评优表彰的根本标准，提升教师主动融入课程思政建设的自觉性和实效性。加强教师的专业技能培训，积极搭建交流研讨、教学展示等各类平台，充分挖掘教研室、教学团队课程组等基层教学组织在课程思政建设中的主体作用。

（六）全面推进专业思政建设

坚持立德树人根本任务，落实"厚基础、宽口径"的大类人才培养理念，强化通识教育，夯实专业学科基础，全面修订本科人才培养方案。要坚持课程思政、专业思政一体化设计、一体化实施，以课程思政促专业思政，以专业思政强课程思政，打造具有学校特色的专业课"课程群"。要立足专业课程实际，统筹设计第一课堂和第二课堂，将"做人做事的基本道理、社会主义核心价值观的要求、实现民族复兴的理想和责任"有机融入到人才培养的全过程，实现专业育人与思政育人的同向同行，全面提升人才培养质量。

四、工作保障

要着力加强对试点学院开展课程思政建设的方向引领和政策支持，营造各学院主动试点、争做试点的良好氛围，确保试点工作取得实效。

（一）健全工作体制机制，校院两级协同推进

课程思政建设是一项系统工程，需要校院两级协同推进，要坚持院系（教研室）主导，教师主体。学校负责课程思政试点的总体设计和整体谋划，学院负责课程思政建设的具体实施，各相关部门要在职责范围内做好协同联动，提供政策支持和平台保障。

（二）坚持党政同责，压实工作责任

各试点学院要加强顶层设计，坚持党建引领，党政同责，明确工作任务，压实工作责任。发挥教师党支部在课程思政建设中的推动引领作用，强化系（教研室）、课程组等基层教学组织的任务落实责任，推进形成试点学院课程思政全员建设的良好局面。

（三）加大政策支持，优化激励机制

不断完善政策支持与激励机制，扩大试点学院在深化课程思政建设中的自主权。在课程建设、教材建设、教学研究、实践教学、师资队伍建设等方面，支持试点学院在一定权限范围内自主设置一定数量的校级委托项目。优化学校资金配置，保障试点学院课程思政建设的经费投入。